L'odyssée du
crypto-navigateur

L'odyssée du crypto-navigateur

Sommaire

L'odyssée du crypto-navigateur

Owen Redford

L'odyssée du
crypto-navigateur

Guide pour s'installer dans un pays favorable aux crypto-monnaies

Polychromatic reflections Publishing

L'odyssée du crypto-navigateur

Code ISBN : 9798391789796
Marque éditoriale : Independently published
Couverture : Packer Nemo

Introduction

Une invitation au voyage dans le monde de la crypto-monnaie, présentée comme une odyssée mystérieuse, avec des opportunités et des défis uniques.

Le monde des crypto-monnaies est un univers inexploré, où les mystères de la finance et de la technologie se fondent en un paysage éthéré, peuplé de créatures étranges et de trésors cachés. Cette contrée lointaine, peinte avec les couleurs chatoyantes de l'innovation et les nuances sombres de l'inconnu, appelle les aventuriers, les entrepreneurs et les rêveurs à embarquer pour un voyage épique à travers les méandres de la régulation, les tempêtes des marchés et les rivages des paradis fiscaux. Ce livre est votre carte au trésor, votre compas et votre guide pour naviguer dans cet océan de possibilités et de défis.

Comme un poète émerveillé par la beauté du monde, nous explorerons ensemble les facettes cachées qui façonnent l'univers des crypto-monnaies. Au lieu de suivre les sentiers battus de l'analyse technique et des conseils financiers, nous plongerons dans l'essence même de cette révolution économique, cherchant à comprendre les forces qui animent son expansion et les défis qui menacent son équilibre.

Ce périple nous mènera à travers les régions les plus accueillantes pour les crypto-monnaies, où les gouvernements et les institutions ont adopté des politiques favorables à leur développement, offrant des avantages fiscaux et des opportunités d'affaires pour les entrepreneurs et les investisseurs. Nous analyserons les lois et les régulations qui encadrent l'utilisation des crypto-monnaies dans ces pays, cherchant à comprendre les motivations et les intérêts qui ont conduit à leur adoption. Dans cette exploration, nous découvrirons les avantages et les inconvénients de chaque destination, permettant au lecteur de prendre des décisions éclairées sur l'endroit où il souhaite jeter l'ancre et s'installer pour profiter des opportunités offertes par la crypto-monnaie.

En naviguant dans cet océan de possibilités, nous serons confrontés à des défis et des obstacles qui menacent la sécurité et la prospérité de nos actifs numériques. Nous apprendrons les meilleures pratiques pour protéger nos trésors contre les pirates et les escrocs, et nous adapterons nos stratégies pour nous conformer aux réglementations en matière de sécurité dans différents pays. Dans cette quête, nous rencontrerons des experts et des pionniers de l'industrie, qui partageront leurs histoires et leurs conseils pour réussir dans le monde des crypto-monnaies.

Au fil des pages de ce livre, nous poserons des questions invitant le lecteur à réfléchir sur les implications profondes de cette révolution technologique et financière. Nous explorerons les paradoxes et les contre-intuitions qui caractérisent le monde des crypto-monnaies, cherchant à discerner les vérités cachées derrière les apparences trompeuses. En confrontant nos croyances et nos certitudes, nous pourrons mieux comprendre les forces qui façonnent l'avenir de cette industrie et les opportunités qu'elle recèle pour ceux qui osent plonger dans ses profondeurs.

Finalement, en parcourant les chemins sinueux de cette odyssée, nous découvrirons les leçons de sagesse et les enseignements précieux que les crypto-monnaies ont à nous offrir. Comme un miroir qui reflète notre propre réalité sous un angle différent, les défis et les succès rencontrés dans l'univers des crypto-monnaies nous enseigneront des vérités fondamentales sur l'économie, la politique et la nature humaine. En embrassant ces enseignements, nous pourrons grandir et nous épanouir, armés de la connaissance et de la sagesse nécessaires pour réussir dans ce monde nouveau et passionnant.

Ainsi, chers lecteurs, préparez-vous à embarquer pour un voyage épique à travers les terres mystérieuses de la crypto-monnaie, où les règles du monde connu sont renversées, et où les opportunités et les défis surgissent à chaque tournant. Avec ce guide, nous naviguerons ensemble dans ces eaux inconnues, cherchant les trésors cachés et les secrets qui attendent d'être découverts. Alors, levez l'ancre et hissez les voiles, car l'aventure commence maintenant.

L'éveil du crypto-navigateur

Naissance d'un nouvel horizon : Histoire des crypto-monnaies

L'histoire des crypto-monnaies est le récit d'une révolution financière qui a pris naissance au cœur de la crise économique de 2008. Alors que la confiance dans les institutions financières s'effondrait, un horizon nouveau s'ouvrait devant les yeux des pionniers du monde numérique : les crypto-monnaies.

Le mystérieux Satoshi Nakamoto a donné le coup d'envoi à cette révolution avec la publication d'un livre blanc intitulé « Bitcoin : un système de monnaie électronique pair-à-pair ». Ce document décrivait un système de monnaie numérique décentralisée qui permettrait aux utilisateurs d'effectuer des transactions directement entre eux sans passer par une institution financière centrale.

En janvier 2009, le premier bloc de la blockchain Bitcoin, appelé « bloc de genèse », était miné par Nakamoto, marquant ainsi la création du premier Bitcoin. Cette innovation a ouvert la voie à de nombreuses autres crypto-monnaies et a jeté les bases d'un nouvel écosystème financier décentralisé.

Les premières années de l'existence de Bitcoin ont été marquées par un certain scepticisme et une adoption limitée. Cependant, l'attrait grandissant de cette monnaie numérique décentralisée a progressivement attiré l'attention des investisseurs et des entrepreneurs. Bitcoin est rapidement devenu un symbole de liberté financière et d'innovation technologique, en particulier dans les pays où la confiance dans les institutions financières était fragile.

En 2011, d'autres crypto-monnaies ont commencé à émerger, inspirées par le succès du Bitcoin. Parmi celles-ci, Litecoin et Namecoin se sont démarquées comme des alternatives intéressantes, offrant des améliorations en termes de vitesse de transaction et de fonctionnalités supplémentaires. Cependant, aucune n'a réussi à éclipser la popularité du Bitcoin.

L'année 2015 a marqué un tournant décisif pour l'industrie des crypto-monnaies avec l'introduction de l'Ethereum. Créé par le développeur russe-canadien Vitalik Buterin, Ethereum a apporté une innovation majeure avec ses « smart contracts » (contrats intelligents), des programmes autonomes capables d'exécuter automatiquement des transactions lorsque certaines conditions sont remplies. Cette innovation a donné naissance à un nouvel écosystème d'applications décentralisées (dApps) et a élargi les horizons des crypto-monnaies bien au-delà du simple transfert de valeur.

Au fil des années, le monde des crypto-monnaies s'est considérablement diversifié, avec l'émergence de nouvelles catégories telles que les stablecoins, les tokens de gouvernance, et les jetons non fongibles (NFT). Parallèlement à cela, des plateformes de finance décentralisée (DeFi) ont vu le jour, permettant aux utilisateurs d'accéder à des services financiers tels que l'emprunt, le prêt et l'échange de tokens sans intermédiaire centralisé.

Malgré leurs succès, les crypto-monnaies ont également fait face à de nombreux défis, notamment en matière de régulation, de sécurité et de respect de l'environnement. Des scandales liés au piratage et à la fraude ont également ébranlé la confiance de certains investisseurs et utilisateurs. Néanmoins, les crypto-monnaies ont continué à se développer et à s'imposer comme une alternative viable aux systèmes financiers traditionnels.

L'essor des crypto-monnaies a également été alimenté par l'adoption croissante des technologies de la blockchain dans divers secteurs, tels que la logistique, l'immobilier et même les élections. La transparence, la sécurité et l'efficacité offertes par la blockchain ont séduit de nombreuses entreprises et organisations, qui ont commencé à explorer les possibilités de cette technologie.

Au fil des ans, de nombreux pays ont adopté des politiques plus favorables aux crypto-monnaies, tandis que d'autres ont imposé des restrictions ou des interdictions. Ces politiques ont eu un impact significatif sur l'adoption et l'évolution des crypto-monnaies, faisant de certains pays des havres pour les entrepreneurs et les investisseurs du secteur.

Dans l'ensemble, l'histoire des crypto-monnaies est un récit passionnant de l'émergence d'une nouvelle frontière économique et technologique. Depuis les premiers jours du Bitcoin, les crypto-monnaies ont connu un développement rapide et se sont imposées comme un phénomène mondial qui continue de transformer notre façon de concevoir et d'utiliser l'argent. Alors que l'industrie continue d'évoluer et de faire face à de nouveaux défis, les crypto-monnaies sont désormais fermement ancrées dans le paysage financier mondial et promettent de jouer un rôle de plus en plus important dans notre avenir économique.

Le chant des sirènes : Promesses et défis du monde des crypto-monnaies

Le monde des crypto-monnaies est souvent considéré comme un territoire mystérieux et captivant, plein de promesses et de défis. Il offre des opportunités sans précédent en matière d'innovation, d'investissement et de changement social. Toutefois, il est également confronté à des obstacles importants, notamment en ce qui concerne la régulation, la sécurité et l'adoption généralisée. Dans cette section, nous examinerons les promesses et les défis du monde des crypto-monnaies, ainsi que les facteurs qui contribuent à leur évolution constante.

La promesse des crypto-monnaies réside principalement dans leur potentiel à révolutionner le système financier mondial. En offrant des transactions rapides, sécurisées et peu coûteuses, les crypto-monnaies ont le potentiel de rendre les services financiers plus accessibles, en particulier pour les personnes non bancarisées ou sous-bancarisées. De plus, les crypto-monnaies permettent des transferts internationaux plus efficaces et moins coûteux, ce qui peut être bénéfique pour les travailleurs migrants et les entreprises internationales.

Un autre aspect prometteur des crypto-monnaies est leur potentiel en tant qu'actifs d'investissement. Les fluctuations de prix et la volatilité des crypto-monnaies ont conduit de nombreux investisseurs à y voir des opportunités lucratives de trading et de spéculation. De plus, les crypto-monnaies offrent une alternative aux actifs traditionnels, tels que les actions et les obligations, permettant ainsi aux investisseurs de diversifier leur portefeuille.

Cependant, le monde des crypto-monnaies est également confronté à plusieurs défis importants. L'un des principaux obstacles à l'adoption généralisée des crypto-monnaies est la régulation. Les gouvernements et les organismes de régulation du monde entier sont préoccupés par les risques potentiels liés aux crypto-monnaies, tels que le blanchiment d'argent, le financement du terrorisme et la fraude fiscale. En conséquence, de nombreux pays ont adopté des régulations strictes, voire des interdictions, qui ont entravé le développement et l'adoption des crypto-monnaies.

La sécurité est un autre défi majeur pour les crypto-monnaies. Les piratages, les vols et les arnaques sont courants dans l'industrie, ce qui a conduit à la perte de milliards de dollars pour les utilisateurs et les investisseurs. Pour que les crypto-monnaies deviennent une alternative viable aux systèmes financiers traditionnels, il est essentiel de renforcer la sécurité et de protéger les utilisateurs contre les menaces en ligne.

L'adoption généralisée des crypto-monnaies est également entravée par leur complexité et leur manque d'accessibilité pour les utilisateurs non technophiles. Pour surmonter cet obstacle, il est crucial de simplifier les processus d'utilisation et de gestion des crypto-monnaies, afin de les rendre plus accessibles et attrayantes pour un public plus large.

Enfin, les questions environnementales sont un défi important pour le monde des crypto-monnaies. La consommation d'énergie liée au minage de certaines crypto-monnaies, comme le Bitcoin, a soulevé des préoccupations environnementales et conduit à des critiques sur la durabilité de ces technologies. Pour atténuer ces problèmes, l'industrie doit se tourner vers des méthodes de consensus plus écologiques, telles que la preuve d'enjeu (Proof of Stake), qui consomment moins d'énergie que les méthodes traditionnelles de preuve de travail (Proof of Work).

En dépit de ces défis, l'attrait des crypto-monnaies demeure fort, avec de nombreuses personnes et organisations convaincues que leur potentiel révolutionnaire l'emporte sur les obstacles actuels. Les entrepreneurs, les développeurs et les investisseurs travaillent sans relâche pour améliorer les technologies, sécuriser les réseaux et faciliter l'adoption généralisée des crypto-monnaies.

Dans cette quête, les acteurs du secteur devront également tenir compte des préoccupations éthiques et sociales soulevées par l'essor des crypto-monnaies. La protection de la vie privée, la transparence et l'équité sont des enjeux importants qui doivent être abordés pour assurer le développement durable et responsable de cette industrie.

En résumé, le monde des crypto-monnaies offre des promesses et des défis uniques. Les innovations technologiques et les changements dans les mentalités pourraient contribuer à transformer notre système financier et à rendre les services financiers plus accessibles pour tous. Toutefois, il est essentiel de relever les défis en matière de régulation, de sécurité, d'adoption et d'environnement pour que ces promesses se concrétisent. En travaillant ensemble pour relever ces défis, les acteurs du secteur des crypto-monnaies peuvent contribuer à forger un nouvel horizon pour notre monde numérique en constante évolution.

Naviguer dans l'océan réglementaire :
Lois et régulations autour de la crypto-monnaie

Naviguer dans l'océan réglementaire des crypto-monnaies peut s'avérer être un défi de taille, car les lois et régulations varient considérablement d'un pays à l'autre. Toutefois, comprendre ces différences et leur impact sur l'écosystème des crypto-monnaies est crucial pour les entrepreneurs, les investisseurs et les utilisateurs.

Au cours des dernières années, de nombreux gouvernements ont commencé à mettre en place des régulations pour encadrer l'utilisation et le développement des crypto-monnaies. Ces régulations visent à protéger les consommateurs, lutter contre le blanchiment d'argent et la fraude, et prévenir les risques potentiels pour la stabilité financière. Toutefois, l'approche adoptée par chaque pays varie en fonction de sa philosophie économique, de ses priorités politiques et de son niveau de développement technologique.

Dans certains pays, les crypto-monnaies sont considérées comme des actifs numériques et sont soumises à des régulations financières similaires à celles applicables aux autres actifs financiers. Par exemple, aux États-Unis, la Securities and Exchange Commission (SEC) considère certaines crypto-monnaies comme des titres financiers et exige des émetteurs qu'ils se conforment aux lois sur les titres. D'autres pays, comme le Japon, ont adopté des régulations spécifiques pour les crypto-monnaies, en les reconnaissant comme une forme légale de monnaie et en exigeant que les entreprises liées aux crypto-monnaies se conforment à des normes strictes en matière de sécurité et de conformité.

D'un autre côté, certaines juridictions ont adopté une approche plus restrictive envers les crypto-monnaies. Par exemple, la Chine a interdit les échanges de crypto-monnaies et les offres initiales de pièces (ICO) sur son territoire, tandis que l'Inde a adopté des régulations sévères, limitant l'accès des résidents aux plateformes d'échange de crypto-monnaies.

En outre, les organismes internationaux tels que le G20 et le Fonds monétaire international (FMI) ont également reconnu l'importance de mettre en place un cadre réglementaire mondial pour les crypto-monnaies. Ces organismes ont souligné la nécessité de coopérer et d'établir des normes internationales pour lutter contre les défis transfrontaliers tels que le blanchiment d'argent, l'évasion fiscale et la cybercriminalité.

Pour naviguer dans cet océan réglementaire, les entrepreneurs et les investisseurs dans l'industrie des crypto-monnaies doivent rester informés des évolutions législatives et réglementaires dans les différents pays et adapter leurs stratégies en conséquence. Il est essentiel de consulter des avocats et des experts en régulation pour s'assurer que les activités liées aux crypto-monnaies sont conformes aux lois et régulations en vigueur.

Enfin, il convient de noter que les régulations sont susceptibles d'évoluer rapidement à mesure que les gouvernements s'adaptent aux innovations technologiques et aux défis posés par les crypto-monnaies. Les entreprises et les individus engagés dans l'écosystème des crypto-monnaies doivent rester vigilants et suivre de près les développements réglementaires pour s'assurer qu'ils sont toujours en conformité avec les exigences légales.

De plus, il est important de considérer les avantages et les inconvénients de chaque juridiction lorsqu'il s'agit de choisir un emplacement pour une entreprise liée aux crypto-monnaies. Les entrepreneurs et les investisseurs devraient évaluer les régulations locales, les incitations fiscales, les infrastructures technologiques et la disponibilité des talents pour déterminer quel pays est le plus favorable à leurs activités.

En résumé, naviguer dans l'océan réglementaire des crypto-monnaies nécessite une compréhension approfondie des lois et régulations applicables dans différents pays, ainsi qu'une attention constante aux évolutions législatives et réglementaires. Les entrepreneurs, les investisseurs et les utilisateurs de crypto-monnaies doivent être prêts à adapter leurs stratégies et leurs opérations pour se conformer aux exigences changeantes des autorités et des organismes de régulation. En fin de compte, réussir dans l'industrie des crypto-monnaies dépendra en grande partie de la capacité à naviguer habilement dans cet océan réglementaire et à tirer parti des opportunités offertes par les différentes juridictions.

Les vents favorables :
Avantages fiscaux et régimes favorables

Les avantages fiscaux et les régimes favorables aux crypto-monnaies sont des facteurs cruciaux pour les entrepreneurs et les investisseurs qui cherchent à tirer parti de cette industrie en pleine croissance. Ces conditions sont susceptibles d'encourager l'innovation et la croissance, tout en attirant les entreprises et les capitaux dans des juridictions spécifiques. Voici quelques exemples d'avantages fiscaux et de régimes favorables qui ont un impact significatif sur le paysage des crypto-monnaies.

Impôt sur les gains en capital

Certains pays offrent des avantages fiscaux pour les gains en capital réalisés par les investisseurs et les traders de crypto-monnaies. Par exemple, la Suisse applique un taux d'imposition sur les gains en capital relativement bas, ce qui attire les investisseurs en crypto-monnaie. De même, au Portugal, les gains en capital réalisés grâce aux transactions de crypto-monnaies sont exemptés d'impôt pour les particuliers.

Impôt sur les sociétés

Les juridictions qui offrent des taux d'imposition sur les sociétés attractifs et compétitifs peuvent encourager les entreprises liées aux crypto-monnaies à s'y installer. Par exemple, l'Irlande, Chypre et Malte proposent des taux d'imposition sur les sociétés parmi les plus bas de l'Union européenne, ce qui les rend attrayants pour les entreprises du secteur des crypto-monnaies.

Régimes d'incitation fiscale

Certains gouvernements offrent des incitations fiscales spécifiques pour encourager l'investissement et l'innovation dans les technologies de la blockchain et des crypto-monnaies. Par exemple, le gouvernement de Porto Rico a mis en place des incitations fiscales pour les entreprises liées à la blockchain, qui comprennent une exonération totale des impôts sur les sociétés et des réductions d'impôt sur le revenu pour les investisseurs et les entrepreneurs.

Régulations favorables

Les juridictions qui adoptent des régulations claires et favorables en matière de crypto-monnaies facilitent la croissance et le développement de l'industrie. Singapour, par exemple, est considéré comme un leader mondial en matière de régulation des crypto-monnaies, avec des règles bien définies qui encouragent l'innovation tout en protégeant les consommateurs et en maintenant la stabilité financière.

Zones économiques spéciales

Certaines juridictions ont créé des zones économiques spéciales qui offrent des avantages fiscaux et réglementaires pour les entreprises liées aux crypto-monnaies. Par exemple, les Émirats arabes unis ont créé la « Dubai Multi Commodities Centre » (DMCC), une zone économique spéciale qui offre des avantages fiscaux et réglementaires pour les entreprises de la blockchain et des crypto-monnaies.

Infrastructures et soutien gouvernemental

Les juridictions qui investissent dans les infrastructures technologiques et offrent un soutien gouvernemental actif aux entreprises de la blockchain et des crypto-monnaies sont également attractives pour les entrepreneurs et les investisseurs. Par exemple, l'Estonie est un pays leader en matière de technologie numérique et offre un cadre réglementaire favorable, ainsi qu'un soutien gouvernemental actif aux entreprises de la blockchain et des crypto-monnaies. L'Estonie a même lancé son propre programme de résidence numérique, qui permet aux entrepreneurs et aux investisseurs du monde entier de bénéficier de services en ligne et d'infrastructures numériques de pointe.

Stabilité politique et économique

Les juridictions qui offrent un environnement politique et économique stable sont également attrayantes pour les entreprises et les investisseurs dans le domaine des crypto-monnaies. La stabilité économique et politique permet aux entreprises de se concentrer sur la croissance et l'innovation sans se soucier de l'incertitude réglementaire ou des turbulences politiques.

Réseaux et écosystèmes d'innovation

Les pays qui possèdent des écosystèmes d'innovation solides, avec des clusters technologiques, des incubateurs et des réseaux d'investisseurs, sont également attrayants pour les entrepreneurs et les investisseurs du secteur des crypto-monnaies. Ces écosystèmes permettent aux entreprises de collaborer, de partager des connaissances et de bénéficier d'un soutien pour accélérer leur croissance.

Accès aux marchés et à la main-d'œuvre qualifiée

Les juridictions qui offrent un accès facile aux marchés mondiaux et à une main-d'œuvre hautement qualifiée sont également importantes pour les entreprises du secteur des crypto-monnaies. Les entreprises ont besoin de talents pour innover et se développer, et l'accès à des marchés plus vastes permet d'attirer des investissements et de soutenir la croissance à long terme.

En conclusion, les avantages fiscaux et les régimes favorables aux crypto-monnaies jouent un rôle crucial dans la croissance et le développement de l'industrie. Les entrepreneurs et les investisseurs qui cherchent à tirer parti des opportunités offertes par les crypto-monnaies doivent tenir compte de ces facteurs lorsqu'ils choisissent où établir leurs activités. En trouvant le bon équilibre entre les avantages fiscaux, les régulations favorables et un environnement propice à l'innovation, les entreprises et les investisseurs peuvent maximiser leur potentiel de réussite dans le monde passionnant et en pleine évolution des crypto-monnaies.

L'aube d'une nouvelle ère :
Les premiers adoptants de la régulation
des crypto-monnaies

L'histoire des crypto-monnaies, telle une épopée épique, est parsemée de héros et de pionniers qui ont ouvert la voie vers un nouvel horizon. Comme Ulysse naviguant vers des terres inconnues, les premiers pays adoptant la régulation des crypto-monnaies ont bravé les tempêtes de l'incertitude et tracé un chemin pour les générations futures. Dans cette partie nous célébrerons ces nations audacieuses, explorant leurs histoires, leurs motivations et les leçons qu'elles ont apprises en cours de route.

Au commencement, dans un monde dominé par les monnaies fiduciaires, l'idée même des crypto-monnaies et de la blockchain était considérée comme une chimère, une utopie qui ne pourrait jamais se concrétiser. Pourtant, quelques nations visionnaires ont vu en cette technologie naissante une opportunité de révolutionner leur économie et leur société. Ils ont saisi cette chance, ouvrant leurs bras aux entrepreneurs et aux innovateurs, et jetant les bases d'un écosystème prospère et florissant.

Parmi ces pionniers, l'Estonie s'est démarquée en tant que leader incontesté dans la course à la régulation des crypto-monnaies. Dans ce petit pays balte, la révolution numérique est ancrée dans l'ADN de la nation. Depuis les années 1990, l'Estonie a adopté une stratégie de gouvernance électronique, investissant massivement dans les infrastructures numériques et les services en ligne pour ses citoyens. La blockchain et les crypto-monnaies étaient une évolution naturelle de cette vision, et l'Estonie a rapidement mis en place un cadre réglementaire pour les crypto-actifs et les services liés.

Les motivations de l'Estonie étaient doubles. D'une part, elle cherchait à attirer les investissements étrangers et à stimuler la croissance économique en devenant un centre d'innovation pour les technologies émergentes. D'autre part, elle voulait renforcer la transparence et l'efficacité de son gouvernement en tirant parti de la blockchain pour améliorer les services publics et réduire la corruption. Les licences d'échange de crypto-monnaies et de portefeuille ont été introduites, ainsi que des exigences strictes en matière de vérification de l'identité des clients (KYC) et de lutte contre le blanchiment d'argent (AML).

Le succès de l'Estonie a ouvert la voie à d'autres pays, qui ont emboîté le pas en adoptant leurs propres régulations des crypto-monnaies. Parmi ces nations, la Suisse s'est rapidement imposée comme un pôle d'attraction pour les entreprises de la blockchain et les projets de crypto-monnaies. Dans la vallée alpine de la Crypto, également connue sous le nom de Crypto Valley, la Suisse a créé un environnement propice à l'innovation en offrant des avantages fiscaux, une régulation souple et un soutien institutionnel aux entreprises du secteur. La FINMA, l'autorité de régulation financière suisse, a publié des directives claires pour la classification et la régulation des crypto-actifs, facilitant le développement de projets légitimes et la protection des investisseurs. Ce cadre juridique bien défini a attiré de nombreux entrepreneurs et investisseurs, faisant de la Suisse un véritable paradis pour les crypto-monnaies.

Le Japon, quant à lui, a choisi une approche pragmatique pour réguler les crypto-monnaies, reconnaissant leur potentiel tout en mettant en place des mesures pour prévenir les abus et protéger les consommateurs. En 2017, le Japon est devenu le premier pays à reconnaître le Bitcoin comme moyen de paiement légal, ouvrant la voie à l'adoption généralisée des crypto-monnaies dans le pays. Les échanges de crypto-monnaies ont été soumis à des régulations strictes, avec des exigences en matière de capital, de cybersécurité et de transparence pour protéger les utilisateurs et maintenir la confiance dans l'écosystème.

Ces premiers adoptants ont montré au monde que la régulation des crypto-monnaies pouvait être bénéfique à la fois pour les gouvernements et pour les citoyens. En offrant un environnement stable et sûr pour le développement des technologies de la blockchain, ces pays ont attiré des investissements, créé des emplois et stimulé la croissance économique. De plus, ils ont démontré que la transparence et la responsabilité peuvent coexister avec la décentralisation et l'innovation, dissipant les craintes de ceux qui voient les crypto-monnaies comme une menace pour l'ordre établi.

Cependant, ces succès n'ont pas été sans défis. Les pionniers de la régulation des crypto-monnaies ont dû faire face à des problèmes tels que la fraude, le blanchiment d'argent et la manipulation de marché, qui ont parfois terni leur réputation et miné la confiance des investisseurs. Pour surmonter ces obstacles, ces pays ont dû apprendre de leurs erreurs, ajuster leurs régulations et renforcer leur coopération internationale.

En conclusion, cette partie célèbre les héros et les pionniers qui ont ouvert la voie à la régulation des crypto-monnaies, offrant des opportunités et des défis uniques pour les entrepreneurs et les investisseurs. En explorant leurs histoires et leurs motivations, nous pouvons tirer des leçons précieuses pour les futurs explorateurs de cet univers énigmatique et poétique. Comme les premiers marins naviguant vers des terres inconnues, ces nations audacieuses ont tracé un chemin pour les générations futures, montrant que la régulation et l'innovation peuvent coexister harmonieusement dans le monde fascinant des crypto-monnaies.

Les îles aux trésors : Pays offrant les taux d'imposition les plus bas

L'archipel des opportunités : Les paradis fiscaux pour les crypto-entrepreneurs

Dans le monde des crypto-monnaies et de la blockchain, le choix du bon pays pour établir son entreprise peut avoir un impact significatif sur la réussite de l'entreprise. Les paradis fiscaux offrent des avantages considérables aux crypto-entrepreneurs, notamment des taux d'imposition faibles ou nuls, une réglementation favorable et un soutien à l'innovation. Voici quelques-uns des pays les plus attrayants pour les crypto-entrepreneurs en quête de paradis fiscaux.

Suisse

La Suisse est largement reconnue comme un centre financier mondial et un havre de paix pour les entreprises de la blockchain et des crypto-monnaies. Le canton suisse de Zoug, en particulier, est surnommé « Crypto Valley » en raison de la concentration d'entreprises du secteur et de son environnement réglementaire favorable. La Suisse offre également des taux d'imposition sur les sociétés relativement bas, qui varient en fonction du canton, allant de 11,9 % à 21,6 %.

Singapour

Singapour est un autre paradis fiscal prisé des entrepreneurs en crypto-monnaies. Ce petit État insulaire d'Asie du Sud-Est offre des taux d'imposition sur les sociétés attractives, généralement plafonnés à 17 %. De plus, Singapour a adopté une réglementation favorable aux crypto-monnaies et à la blockchain, ce qui en fait un environnement propice à l'innovation et à la croissance pour les entreprises du secteur.

Malte

Malte est souvent considérée comme la « Blockchain Island » en raison de sa législation progressiste en matière de crypto-monnaies et de sa volonté d'attirer les entreprises du secteur. Le pays offre un taux d'imposition sur les sociétés de 35 %, mais grâce à un système de remboursement des dividendes pour les actionnaires non-résidents, le taux effectif peut être réduit à 5 %. Malte a également mis en place des régulations favorables aux entreprises de la blockchain et des crypto-monnaies, attirant ainsi des acteurs majeurs comme Binance, l'une des plus grandes plateformes d'échange de crypto-monnaies au monde.

Gibraltar

Ce territoire britannique d'outre-mer, situé à l'extrémité sud de la péninsule ibérique, est un autre paradis fiscal attractif pour les crypto-entrepreneurs. Gibraltar a mis en place une réglementation favorable aux entreprises de la blockchain et des crypto-monnaies et offre un taux d'imposition sur les sociétés de 10 %. Ce faible taux d'imposition, combiné à l'absence d'impôt sur les plus-values et de taxe sur la valeur ajoutée (TVA) sur les transactions en crypto-monnaies, en fait une destination de choix pour les entrepreneurs du secteur.

Les îles Caïmans

Les îles Caïmans, situées dans les Caraïbes, sont un paradis fiscal bien connu qui offre des avantages considérables aux entrepreneurs en crypto-monnaies. Le pays n'a pas d'impôt sur les sociétés, d'impôt sur le revenu ou d'impôt sur les plus-values, ce qui en fait un environnement extrêmement attractif pour les entreprises. Bien que les îles Caïmans n'aient pas encore mis en place de réglementation spécifique aux crypto-monnaies, elles sont généralement considérées comme un environnement accueillant pour les entreprises de la blockchain et des crypto-monnaies.

Estonie

L'Estonie, un petit pays d'Europe du Nord, est un autre paradis fiscal pour les entrepreneurs en crypto-monnaies. Le pays offre un taux d'imposition sur les sociétés de 20 %, mais il est réduit à 0 % si les bénéfices sont réinvestis dans l'entreprise. L'Estonie est également un pays pionnier en matière de régulation des crypto-monnaies et de la blockchain, ayant adopté une approche proactive pour faciliter l'innovation dans le secteur.

Bahamas

Les Bahamas, un archipel situé dans l'océan Atlantique, offrent également des avantages fiscaux pour les entrepreneurs en crypto-monnaies. Il n'y a pas d'impôt sur les sociétés, d'impôt sur le revenu ou d'impôt sur les plus-values aux Bahamas, et le pays a récemment adopté une réglementation favorable aux entreprises de la blockchain et des crypto-monnaies.

Île de Man

Cette île située entre l'Angleterre et l'Irlande est un autre paradis fiscal pour les entrepreneurs en crypto-monnaies. L'île de Man offre un taux d'imposition sur les sociétés de 0 % et a mis en place une réglementation favorable aux entreprises de la blockchain et des crypto-monnaies.

Liechtenstein

Le Liechtenstein, un petit pays enclavé entre la Suisse et l'Autriche, est également un paradis fiscal attractif pour les entrepreneurs en crypto-monnaies. Le pays offre un taux d'imposition sur les sociétés de 12,5 % et a adopté une réglementation progressive en matière de crypto-monnaies et de blockchain.

Luxembourg

Luxembourg, un petit pays européen, offre également des avantages fiscaux pour les entrepreneurs en crypto-monnaies. Le pays a un taux d'imposition sur les sociétés de 17 % et a adopté une réglementation favorable aux entreprises de la blockchain et des crypto-monnaies.

Ces pays offrent des avantages fiscaux et réglementaires significatifs pour les entrepreneurs en crypto-monnaies. En choisissant de s'installer dans l'un de ces paradis fiscaux, les crypto-entrepreneurs peuvent bénéficier d'un environnement propice à la croissance et à l'innovation dans le secteur. Toutefois, il est essentiel de prendre en compte les autres aspects de la vie et des affaires, tels que la qualité de vie, les infrastructures, l'accès aux talents et la stabilité politique, avant de prendre une décision finale.

Les îles paradisiaques de la crypto : Les petits États insulaires qui ont embrassé la révolution numérique

Dans cette partie, nous explorons les petites nations insulaires qui ont adopté les crypto-monnaies avec enthousiasme, cherchant à tirer parti de cette révolution numérique pour surmonter leurs défis uniques et transformer leur avenir. Comme des îlots de lumière dans un océan d'incertitude, ces États audacieux ont ouvert leurs portes aux entrepreneurs et aux investisseurs, créant des havres de paix et d'innovation pour ceux qui souhaitent naviguer dans les eaux tumultueuses de la crypto-monnaie.

Parmi ces îles paradisiaques, Malte se distingue comme l'un des premiers et des plus fervents partisans des crypto-monnaies et de la technologie blockchain. Surnommée la « Blockchain Island », cette petite nation méditerranéenne a adopté une approche proactive en matière de régulation des crypto-monnaies, cherchant à attirer les entreprises et les talents du monde entier. Malte a mis en place un cadre juridique clair et complet pour les crypto-actifs, les ICO et les services liés, offrant une sécurité et une stabilité précieuses pour les entrepreneurs et les investisseurs.

Les motivations de Malte sont diverses et nuancées. Confrontée à des défis économiques et géographiques, l'île cherche à diversifier son économie et à renforcer sa compétitivité sur la scène internationale. Les crypto-monnaies et la blockchain offrent une opportunité unique pour Malte d'attirer des investissements, de stimuler l'innovation et de créer des emplois de qualité pour sa population. De plus, Malte souhaite promouvoir la transparence et la responsabilité dans le secteur financier, en utilisant la blockchain pour lutter contre la corruption, le blanchiment d'argent et d'autres activités illicites.

Les îles Caïmans, un autre paradis insulaire, ont également adopté les crypto-monnaies avec enthousiasme. Ce territoire britannique d'outre-mer, connu pour son secteur financier prospère et ses avantages fiscaux, a rapidement reconnu le potentiel des crypto-monnaies et de la technologie blockchain pour renforcer sa position en tant que centre financier international. Les îles Caïmans ont mis en place des régulations favorables aux entreprises de la blockchain, tout en veillant à maintenir des normes élevées en matière de KYC et d'AML pour protéger leur réputation et prévenir les abus.

En adoptant les crypto-monnaies et en créant un environnement propice à leur développement, ces petits États insulaires ont réussi à attirer des entreprises et des investisseurs du monde entier. Leurs efforts ont porté leurs fruits, transformant ces îles paradisiaques en véritables hubs d'innovation et de prospérité dans l'écosystème des crypto-monnaies.

Cependant, ces succès ne sont pas sans défis. Les petites nations insulaires doivent faire face à des problèmes tels que la volatilité des marchés des crypto-monnaies, la protection de la vie privée et la cybersécurité. De plus, elles doivent trouver un équilibre délicat entre l'attraction des investissements et la préservation de leur réputation en tant que centres financiers responsables. Pour relever ces défis, ces nations insulaires doivent continuer à adapter et à affiner leurs régulations, en tenant compte des leçons tirées de leurs pairs et en coopérant étroitement avec la communauté internationale.

En outre, les petits États insulaires doivent également gérer les risques environnementaux et sociaux associés à la révolution numérique. L'adoption massive des crypto-monnaies et des technologies de la blockchain peut entraîner une consommation d'énergie accrue et un impact sur les ressources naturelles limitées de ces îles. Les gouvernements et les entreprises doivent travailler ensemble pour promouvoir des solutions durables et écoénergétiques afin de minimiser leur empreinte écologique et préserver la beauté de ces paradis insulaires pour les générations futures.

En conclusion, cette partie célèbre les petites nations insulaires qui ont adopté les crypto-monnaies et la technologie blockchain, transformant leur avenir et créant des opportunités sans précédent pour leurs citoyens. En explorant leurs motivations et leurs défis, nous pouvons tirer des leçons précieuses pour les entrepreneurs et les investisseurs qui souhaitent naviguer dans ce nouvel océan numérique. Comme les explorateurs audacieux qui ont découvert ces îles paradisiaques il y a des siècles, ces nations insulaires montrent aujourd'hui la voie vers un avenir plus prospère et durable pour l'industrie des crypto-monnaies.

Les légendes du rivage : Analyse des avantages et inconvénients de chaque pays

Dans cette section, nous analysons les avantages et les inconvénients de chaque pays mentionné précédemment, afin de fournir une vue d'ensemble plus complète pour les entrepreneurs en crypto-monnaies qui cherchent à s'installer dans un paradis fiscal.

Suisse :

Avantages :
Réglementation favorable aux crypto-monnaies et à la blockchain.
Environnement économique et politique stable.
Excellente qualité de vie et infrastructures de pointe.
Accès à un vaste écosystème d'entreprises et d'investisseurs en crypto-monnaies.

Inconvénients :
Coût de la vie élevé.
Barrière linguistique, avec plusieurs langues officielles.

Singapour :

Avantages :
Réglementation progressive en matière de crypto-monnaies et de blockchain.
Hub financier et technologique majeur en Asie.
Bonne qualité de vie et infrastructures modernes.
Accès à un marché asiatique en pleine croissance.

Inconvénients :
Coût de la vie relativement élevé.
Climat chaud et humide toute l'année.

Malte :

Avantages :
Réglementation avancée et spécifique aux crypto-monnaies.
Environnement économique stable et croissant dans l'Union européenne.
Belle qualité de vie avec un climat méditerranéen agréable.
Langue anglaise largement parlée.

Inconvénients :
Petite taille du pays et marché intérieur limité.
Manque d'infrastructures technologiques avancées par rapport à d'autres pays.

Gibraltar :

Avantages :
Réglementation proactive en matière de crypto-monnaies et de blockchain.
Fiscalité avantageuse pour les entreprises et les

entrepreneurs.
Accès au marché européen.
Langue anglaise largement parlée.

Inconvénients :
Petite taille du territoire et population limitée.
Manque de ressources et d'infrastructures par rapport aux grandes nations.

Îles Caïmans :

Avantages :
Fiscalité très avantageuse, sans impôt sur les sociétés ni impôt sur les plus-values.
Environnement économique et politique stable.
Climat tropical attrayant et cadre de vie agréable.

Inconvénients :
Réglementation spécifique aux crypto-monnaies encore en cours d'élaboration.
Isolement géographique par rapport aux grands marchés mondiaux.

Estonie :

Avantages :
Fiscalité avantageuse pour les entreprises qui réinvestissent leurs bénéfices.
Réglementation favorable aux crypto-monnaies et à la blockchain.
Accès au marché européen et à la main-d'œuvre qualifiée.
Infrastructures technologiques modernes.

Inconvénients :
Climat nordique froid et hiver rigoureux.
Petite taille du pays et marché intérieur limité.

Bahamas :

Avantages :
Absence d'impôt sur les sociétés, d'impôt sur le revenu et d'impôt sur les plus-values.
Réglementation favorable aux entreprises de la blockchain et des crypto-monnaies.
Climat tropical attrayant et cadre de vie agréable.

Inconvénients :
Isolement géographique par rapport aux grands marchés mondiaux.
Infrastructures et ressources limitées par rapport à d'autres pays.

Luxembourg :

Avantages :
Réglementation favorable aux crypto-monnaies et à la blockchain.
Hub financier et technologique en Europe.
Accès au marché européen et à une main-d'œuvre qualifiée.
Bonne qualité de vie et infrastructures modernes.

Inconvénients :
Fiscalité moins compétitive que dans d'autres paradis fiscaux.
Coût de la vie élevé.
Petite taille du pays et marché intérieur limité.

Irlande :

Avantages :
Fiscalité attractive pour les entreprises, notamment grâce à un faible taux d'imposition sur les sociétés.
Environnement économique et politique stable.
Accès au marché européen et à une main-d'œuvre qualifiée.
Langue anglaise largement parlée.

Inconvénients :
Réglementation spécifique aux crypto-monnaies encore en cours d'élaboration.
Coût de la vie élevé, en particulier dans la capitale, Dublin.

Vanuatu :

Avantages :
Aucun impôt sur les sociétés, sur le revenu ou sur les plus-values.
Réglementation favorable aux entreprises de la blockchain et des crypto-monnaies.
Cadre de vie agréable avec un climat tropical et de belles plages.

Inconvénients :
Isolement géographique par rapport aux grands marchés mondiaux.
Infrastructures et ressources limitées.

En résumé, chaque pays offre un ensemble unique d'avantages et d'inconvénients pour les entrepreneurs en crypto-monnaies en quête d'un paradis fiscal. La décision finale dépendra des priorités et des besoins spécifiques de l'entrepreneur, tels que l'accès aux marchés, les infrastructures, la qualité de vie, la fiscalité et la réglementation. Il est essentiel d'effectuer des recherches approfondies et de consulter des experts pour trouver la destination idéale et réussir dans l'industrie de la crypto-monnaie.

L'odyssée fiscale : Fiscalité internationale liée aux crypto-monnaies

La fiscalité liée aux crypto-monnaies est un sujet complexe qui varie considérablement d'un pays à l'autre. Les gouvernements du monde entier tentent de comprendre et de réguler ce marché en pleine croissance, ce qui entraîne une multitude de régimes fiscaux différents. Dans cette section, nous aborderons les principaux aspects de la fiscalité internationale liée aux crypto-monnaies et la manière dont ils affectent les investisseurs et les entrepreneurs.

Imposition des gains en capital

L'un des aspects les plus courants de la fiscalité liée aux crypto-monnaies concerne l'imposition des gains en capital. Les gains en capital sont les bénéfices réalisés lors de la vente d'un actif qui a pris de la valeur, comme les crypto-monnaies. Les taux d'imposition sur les gains en capital varient considérablement selon les pays. Certains pays, comme la Suisse et Singapour, ont des taux d'imposition très faibles, tandis que d'autres, comme les États-Unis et l'Australie, ont des taux plus élevés. De plus, certains pays, comme l'Allemagne, offrent des exonérations sur les gains en capital réalisés après une certaine période de détention.

Imposition des revenus miniers et des récompenses en staking

Les revenus générés par le minage de crypto-monnaies et les récompenses en staking sont également soumis à l'impôt dans de nombreux pays. Les règles fiscales concernant ces revenus varient, certains pays les considérant comme des revenus professionnels, tandis que d'autres les traitent comme des revenus passifs. Les taux d'imposition et les déductions fiscales applicables dépendent également de la juridiction.

Taxe sur la valeur ajoutée (TVA)

La TVA est un impôt indirect sur la consommation qui s'applique généralement aux biens et services. Dans le contexte des crypto-monnaies, la question de savoir si la TVA s'applique aux transactions en crypto-monnaies est controversée. Certains pays, comme l'Union européenne, ont décidé que la TVA ne s'applique pas aux transactions en crypto-monnaies, tandis que d'autres, comme l'Australie, ont choisi de l'appliquer.

Imposition des salaires et des paiements en crypto-monnaies

Dans certains pays, les salaires et les paiements effectués en crypto-monnaies sont considérés comme des revenus imposables. Les employeurs et les travailleurs indépendants doivent donc déclarer ces revenus et payer les impôts applicables. Les règles fiscales concernant les paiements en crypto-monnaies peuvent varier selon la juridiction et la nature de l'emploi.

Régimes fiscaux favorables pour les entreprises de crypto-monnaies

Plusieurs pays offrent des régimes fiscaux spécifiques pour les entreprises liées à la crypto-monnaie. Par exemple, Malte et Gibraltar ont mis en place des régimes fiscaux attrayants pour les entreprises de la blockchain et des crypto-monnaies, dans le but d'attirer les investisseurs et les entrepreneurs. Ces régimes fiscaux offrent généralement des taux d'imposition réduits, des incitations fiscales et une réglementation souple pour les entreprises liées à la crypto-monnaie.

Planification fiscale et optimisation

Les investisseurs et les entrepreneurs en crypto-monnaies doivent être conscients des implications fiscales de leurs activités et chercher à optimiser leur situation fiscale. Cela peut inclure la restructuration des opérations commerciales, le choix de la juridiction appropriée pour établir une entreprise ou un domicile fiscal, et l'utilisation de stratégies de planification fiscale légales pour minimiser les obligations fiscales. Il est important de consulter des experts fiscaux et des conseillers en planification pour s'assurer que les stratégies adoptées sont conformes aux régulations en vigueur et pour éviter des problèmes futurs avec les autorités fiscales.

Évolution de la législation fiscale

La fiscalité des crypto-monnaies est un domaine en constante évolution, et les investisseurs et les entrepreneurs doivent être conscients des changements réglementaires qui pourraient affecter leur situation fiscale. Les gouvernements et les organismes de régulation continuent d'examiner les questions fiscales liées aux crypto-monnaies et pourraient apporter des modifications aux lois et aux régulations existantes. Il est donc essentiel de se tenir informé des dernières actualités et des évolutions législatives pour s'adapter en conséquence.

En résumé, la fiscalité internationale liée aux crypto-monnaies est un paysage complexe et en constante évolution. Les investisseurs et les entrepreneurs doivent être conscients des implications fiscales de leurs activités et chercher à optimiser leur situation fiscale en fonction de leur situation personnelle et des régimes fiscaux en vigueur dans les différentes juridictions. La planification fiscale et l'optimisation sont des éléments clés pour tirer le meilleur parti des opportunités offertes par l'industrie des crypto-monnaies, mais il est important de le faire de manière légale et éthique, en respectant les régulations en vigueur.

Les cartes au trésor : Comment choisir le bon pays pour s'installer

Le choix du pays idéal pour s'installer en tant qu'investisseur ou entrepreneur en crypto-monnaies dépend de plusieurs facteurs. Ces facteurs incluent non seulement les taux d'imposition et les régulations, mais également la qualité de vie, les infrastructures et le climat politique et économique. Voici quelques éléments clés à prendre en compte lors de la sélection du pays où s'installer :

Fiscalité et réglementation

Évidemment, l'un des principaux facteurs à considérer est la fiscalité et la réglementation en vigueur dans le pays. Il est essentiel de choisir un pays qui offre un régime fiscal favorable pour les investisseurs et les entrepreneurs en crypto-monnaies. Cela peut inclure des taux d'imposition bas, des exonérations fiscales ou des incitations pour les entreprises liées à la crypto-monnaie. Il est également important de prendre en compte les régulations concernant les crypto-monnaies, telles que les exigences en matière de licences, de conformité et de divulgation.

Qualité de vie

La qualité de vie est un autre facteur important à considérer lors du choix d'un pays pour s'installer. Cela englobe des aspects tels que le coût de la vie, le climat, la qualité des soins de santé et de l'éducation, la sécurité, les opportunités de loisirs et la facilité à s'intégrer dans la société locale. Les préférences personnelles et familiales jouent un rôle crucial dans la détermination de la qualité de vie souhaitée.

Infrastructures et accès à la technologie

Les infrastructures et l'accès à la technologie sont particulièrement importants pour les entrepreneurs et les investisseurs en crypto-monnaies. Il est crucial de choisir un pays avec un accès fiable et rapide à Internet, ainsi qu'un écosystème technologique développé. Cela facilitera non seulement la gestion des activités liées à la crypto-monnaie, mais aussi l'accès aux ressources, aux informations et aux partenaires commerciaux nécessaires pour réussir dans ce domaine.

Climat politique et économique

Le climat politique et économique d'un pays peut avoir un impact significatif sur la réussite des investissements et des entreprises dans le domaine des crypto-monnaies. Il est donc crucial de choisir un pays avec une situation politique et économique stable, qui soutient l'innovation et les investissements dans le secteur de la technologie. Il est également important de surveiller les tendances et les développements politiques et économiques qui pourraient affecter la régulation et la fiscalité des crypto-monnaies à l'avenir.

Réseau et communauté

Un autre élément important à considérer est la présence d'un réseau et d'une communauté d'investisseurs et d'entrepreneurs en crypto-monnaies dans le pays choisi. Un réseau solide et une communauté active peuvent offrir des opportunités de collaboration, de soutien et d'échange d'idées, ce qui peut être inestimable pour réussir dans ce domaine.

Facilité d'installation et de mobilité

Enfin, il est essentiel de prendre en compte la facilité d'installation et de mobilité dans le pays choisi. Cela inclut des aspects tels que les exigences en matière de visas et de permis de séjour, la reconnaissance des qualifications de travail et d'éducation, et la facilité de voyager vers d'autres pays pour le travail ou les loisirs. Il est également crucial de considérer les possibilités de mobilité pour les membres de la famille, notamment l'accès à l'éducation et aux opportunités d'emploi pour les conjoints.

En résumé, le choix du pays idéal pour s'installer en tant qu'investisseur ou entrepreneur en crypto-monnaies dépend d'une combinaison de facteurs. Il est essentiel d'évaluer soigneusement les aspects fiscaux et réglementaires, la qualité de vie, les infrastructures et la technologie, le climat politique et économique, le réseau et la communauté, ainsi que la facilité d'installation et de mobilité. Une fois que vous avez examiné ces éléments, vous serez mieux à même de prendre une décision éclairée sur le meilleur pays pour vous et votre entreprise en fonction de vos besoins et de vos préférences individuelles.

En fin de compte, il est crucial de se rappeler que le choix du pays idéal pour s'installer dépend des objectifs et des préférences de chacun. Il est donc important de mener des recherches approfondies et de consulter des experts dans le domaine, tels que des avocats spécialisés en fiscalité internationale ou des conseillers en immigration, pour obtenir des informations précises et actualisées sur la situation fiscale et réglementaire de chaque pays. Ainsi, vous pourrez prendre une décision éclairée sur le meilleur endroit pour vous installer et profiter pleinement des opportunités offertes par l'industrie des crypto-monnaies.

Les critères pour choisir le bon pays
pour les activités liées à la crypto-monnaie

Dans un monde où les crypto-monnaies gagnent rapidement en popularité et en adoption, il devient de plus en plus important pour les investisseurs et les entrepreneurs de trouver des juridictions qui offrent un environnement favorable à leurs activités liées à la crypto-monnaie. Cette partie examine les critères essentiels à prendre en compte lors de la sélection du pays idéal pour les activités liées à la crypto-monnaie.

Réglementation claire et favorable à la crypto-monnaie

L'un des critères les plus importants pour choisir le bon pays pour les activités liées à la crypto-monnaie est la présence d'une réglementation claire et favorable. Les réglementations sur les crypto-monnaies varient considérablement d'un pays à l'autre, et il est crucial de choisir une juridiction qui offre une réglementation transparente et bien définie, permettant aux entreprises et aux investisseurs de fonctionner en toute légalité et en toute confiance.

Faibles taux d'imposition

Les paradis fiscaux de la crypto-monnaie sont souvent caractérisés par des taux d'imposition bas ou nuls pour les entreprises et les investisseurs. Un faible taux d'imposition peut offrir des avantages significatifs aux entreprises et aux investisseurs, notamment en termes de réduction des coûts et d'augmentation des bénéfices. Il est important de prendre en compte les taux d'imposition sur les revenus, les bénéfices, les plus-values et les dividendes lors de la sélection du pays idéal pour les activités liées à la crypto-monnaie.

Protection des investisseurs et de la propriété intellectuelle

Les entreprises et les investisseurs doivent également prendre en compte le niveau de protection des investisseurs et de la propriété intellectuelle offert par une juridiction. Un pays qui protège efficacement les droits des investisseurs et de la propriété intellectuelle peut offrir un environnement plus sûr et plus stable pour les entreprises et les investisseurs, minimisant les risques liés à la fraude, au vol et à la contrefaçon.

Accès aux services financiers et aux marchés

Un autre critère important pour choisir le bon pays pour les activités liées à la crypto-monnaie est l'accès aux services financiers et aux marchés. Les entreprises et les investisseurs doivent s'assurer qu'ils pourront accéder facilement à des services financiers tels que les comptes bancaires, les services de change et les services de paiement dans la juridiction choisie. De plus, un accès facile aux marchés mondiaux de la crypto-monnaie est essentiel pour faciliter les transactions et les échanges internationaux.

Infrastructure et soutien technologique

Les entreprises et les investisseurs opérant dans l'industrie des crypto-monnaies dépendent fortement de l'infrastructure technologique et du soutien disponibles dans une juridiction. Un pays qui offre une infrastructure technologique de pointe, notamment en termes de connectivité Internet et de centres de données, ainsi que des ressources humaines compétentes dans le domaine des technologies de l'information et de la blockchain, peut être un choix judicieux pour les entreprises et les investisseurs dans le secteur des crypto-monnaies.

Stabilité politique et économique

La stabilité politique et économique d'une juridiction est un autre facteur crucial à prendre en compte lors du choix du pays idéal pour les activités liées à la crypto-monnaie. Les entreprises et les investisseurs peuvent être réticents à s'implanter dans des pays instables, où les changements politiques et économiques imprévisibles pourraient nuire à leurs activités. Une juridiction stable offre un environnement plus prévisible et propice au développement et à la croissance des entreprises liées à la crypto-monnaie.

Réputation internationale

La réputation internationale d'une juridiction peut également influencer la décision des entreprises et des investisseurs de s'y établir. Les pays qui jouissent d'une bonne réputation en matière de réglementation financière, de lutte contre le blanchiment d'argent et de financement du terrorisme sont plus susceptibles d'attirer des investissements étrangers et de faciliter la coopération internationale dans le secteur des crypto-monnaies.

Qualité de vie

Enfin, la qualité de vie dans une juridiction est un facteur important à considérer pour les entrepreneurs et les investisseurs qui souhaitent s'y installer. Les aspects tels que le coût de la vie, la qualité des infrastructures, l'accès aux soins de santé et à l'éducation, ainsi que la sécurité personnelle, peuvent influencer la décision d'implanter une entreprise liée à la crypto-monnaie dans un pays spécifique.

En résumé, cette partie explore les critères essentiels à prendre en compte lors de la sélection du pays idéal pour les activités liées à la crypto-monnaie. Les investisseurs et les entrepreneurs doivent évaluer attentivement ces critères et pondérer leurs priorités en fonction de leurs objectifs et de leurs besoins spécifiques. Dans les parties suivantes nous examinerons en détail les juridictions les plus favorables aux crypto-monnaies, en mettant en évidence les avantages et les inconvénients de chacune d'entre elles.

L'exploration du Nouveau Monde : Immigration et visa

Les portes du paradis : Exigences de visa pour chaque pays

Dans le monde en constante évolution des crypto-monnaies, la capacité à se déplacer et à s'installer dans différents pays peut offrir des avantages significatifs en termes d'opportunités d'affaires et de qualité de vie. Pour les entrepreneurs et les investisseurs en crypto-monnaies qui cherchent à s'installer dans un nouveau pays, il est essentiel de comprendre les exigences en matière de visa pour chaque pays et de déterminer quel type de visa est le plus approprié en fonction de leurs objectifs et de leur situation.

États-Unis

Les États-Unis offrent plusieurs options de visa pour les entrepreneurs et les investisseurs étrangers. Le visa E-2, par exemple, est destiné aux investisseurs qui souhaitent investir dans une entreprise américaine, tandis que le visa L-1 est destiné aux cadres et aux employés spécialisés transférés au sein de leur entreprise. Il existe également le programme de visa EB-5, qui permet aux investisseurs étrangers d'obtenir la résidence permanente aux États-Unis en investissant un minimum de 900 000 $ dans un projet d'entreprise créant au moins 10 emplois à temps plein pour des travailleurs américains.

Union européenne

Au sein de l'Union européenne, les exigences en matière de visa varient d'un pays à l'autre. Certains pays, comme l'Estonie, offrent des programmes spécifiques pour les entrepreneurs en technologie, tels que le visa Start-up, qui permet aux entrepreneurs étrangers de créer et de développer leur entreprise dans le pays. D'autres pays, comme l'Espagne et le Portugal, proposent des programmes de visa Golden, qui permettent aux investisseurs étrangers d'obtenir un permis de séjour en échange d'un investissement dans l'économie locale, que ce soit par l'achat d'un bien immobilier ou la création d'emplois.

Royaume-Uni

Le Royaume-Uni propose plusieurs options de visa pour les entrepreneurs et les investisseurs étrangers, notamment le visa Start-up et le visa Innovator. Le visa Start-up est destiné aux entrepreneurs qui souhaitent créer une entreprise au Royaume-Uni pour la première fois, tandis que le visa Innovator est destiné aux entrepreneurs établis qui souhaitent créer ou rejoindre une entreprise au Royaume-Uni. Les investisseurs étrangers peuvent également demander un visa Tier 1 (Investisseur), qui leur permet de s'installer au Royaume-Uni s'ils investissent au moins 2 millions de livres sterling dans l'économie britannique.

Singapour

Singapour est réputé pour être un centre d'innovation et de technologie, et le pays offre plusieurs options de visa pour les entrepreneurs et les investisseurs étrangers. Le visa EntrePass, par exemple, est destiné aux entrepreneurs étrangers qui souhaitent créer une entreprise à Singapour. Les investisseurs étrangers peuvent également demander un visa Global Investor Programme (GIP), qui leur permet de s'installer à Singapour s'ils investissent au moins 2,5 millions de dollars singapouriens dans une entreprise locale ou un fonds d'investissement approuvé.

Suisse

La Suisse est un autre pays qui attire les entrepreneurs et les investisseurs en crypto-monnaies en raison de sa réglementation favorable et de son environnement d'affaires stable. Pour les entrepreneurs et les investisseurs étrangers, il existe plusieurs options de visa et de permis de séjour. Le visa B, par exemple, est un permis de résidence temporaire pour les travailleurs étrangers, tandis que le visa L est un permis de séjour de courte durée pour les employés détachés. Les investisseurs étrangers peuvent également demander un visa Swiss Business Investor, qui permet aux entrepreneurs de créer une entreprise en Suisse et d'obtenir un permis de séjour pour eux-mêmes et leur famille.

Malte

Malte est un autre pays européen qui attire les entrepreneurs et les investisseurs en crypto-monnaies grâce à sa réglementation favorable et à ses programmes d'incitation fiscale. Le pays propose plusieurs options de visa et de permis de séjour pour les entrepreneurs et les investisseurs étrangers, notamment le programme Malta Individual Investor Programme (IIP), qui offre la résidence permanente et la citoyenneté maltaise aux investisseurs étrangers qui investissent dans l'économie locale, achètent un bien immobilier et s'engagent à résider à Malte pendant une période minimale.

Dubai

Dubai, aux Émirats arabes unis, est également devenue une destination prisée pour les entrepreneurs et les investisseurs en crypto-monnaies en raison de son environnement d'affaires favorable et de ses avantages fiscaux. Les options de visa et de permis de séjour pour les entrepreneurs et les investisseurs étrangers comprennent le visa investisseur, qui permet aux investisseurs étrangers d'obtenir un permis de résidence pour eux-mêmes et leur famille en échange d'un investissement dans une entreprise locale, ainsi que le visa d'entrepreneur, destiné aux entrepreneurs étrangers qui souhaitent créer une entreprise à Dubaï.

En conclusion, il est essentiel pour les entrepreneurs et les investisseurs en crypto-monnaies qui cherchent à s'installer dans un nouveau pays d'évaluer attentivement les options de visa et les exigences de chaque pays. Les options de visa varient considérablement d'un pays à l'autre et dépendent souvent de facteurs tels que le montant de l'investissement, la création d'emplois et l'intention de résider dans le pays. En comprenant les exigences en matière de visa et en choisissant le bon pays en fonction de leurs objectifs et de leur situation, les entrepreneurs et les investisseurs en crypto-monnaies peuvent maximiser les avantages fiscaux et réglementaires offerts par différents pays et créer une base solide pour leur succès futur.

L'accueil des explorateurs : Avantages spécifiques pour les travailleurs de l'industrie de la crypto-monnaie

Les pays qui cherchent à attirer des talents et des investissements dans l'industrie de la crypto-monnaie ont mis en place des régimes spécifiques pour faciliter l'immigration et l'installation des travailleurs et des investisseurs de ce secteur en pleine croissance. Ces avantages peuvent prendre diverses formes, telles que des programmes de visa simplifiés, des réductions fiscales ou des incitations financières. Voici quelques exemples de pays offrant des avantages spécifiques pour les travailleurs et les entrepreneurs de l'industrie de la crypto-monnaie.

Estonie

L'Estonie est un pays pionnier en matière d'adoption de la technologie blockchain et de réglementation favorable aux crypto-monnaies. En plus de sa politique d'innovation et de sa législation souple, l'Estonie offre des avantages spécifiques pour les travailleurs et les entrepreneurs de l'industrie de la crypto-monnaie. Le pays a mis en place un programme de visa de démarrage, qui permet aux entrepreneurs du secteur des technologies et des crypto-monnaies de s'installer et de travailler en Estonie pendant une période pouvant aller jusqu'à cinq ans. Les membres de la famille des titulaires de ce visa peuvent également bénéficier d'un permis de séjour.

Portugal

Portugal est un autre pays qui cherche à attirer les travailleurs et les investisseurs de l'industrie de la crypto-monnaie en offrant des avantages fiscaux et réglementaires attractifs. Les revenus tirés des crypto-monnaies, tant pour les particuliers que pour les entreprises, sont exemptés d'impôt sur le revenu et d'impôt sur les sociétés, ce qui en fait un environnement particulièrement propice pour les travailleurs et les entrepreneurs du secteur. En outre, le pays a mis en place un programme de visa « Golden Visa », qui offre la résidence et, éventuellement, la citoyenneté portugaise aux investisseurs étrangers qui investissent dans l'économie locale, notamment en créant des emplois ou en achetant des biens immobiliers.

Singapour

Singapour est un centre financier et technologique majeur en Asie, avec une réglementation favorable aux crypto-monnaies et un environnement d'affaires dynamique. Le pays offre plusieurs avantages pour les travailleurs et les entrepreneurs de l'industrie de la crypto-monnaie, notamment des programmes de visa spécifiques pour les entrepreneurs et les investisseurs. Le visa EntrePass, par exemple, est destiné aux entrepreneurs étrangers qui souhaitent créer et exploiter une entreprise à Singapour, tandis que le visa Global Investor Programme (GIP) permet aux investisseurs étrangers d'obtenir la résidence permanente en échange d'un investissement dans une entreprise locale ou un fonds d'investissement.

Suisse

La Suisse est devenue un centre mondial pour l'industrie de la blockchain et des crypto-monnaies, grâce à sa réglementation favorable et à son environnement d'affaires stable. La Suisse offre plusieurs avantages pour les travailleurs et les entrepreneurs de l'industrie de la crypto-monnaie, notamment des options de visa flexibles et un environnement fiscal attrayant. Le pays propose également des avantages spécifiques pour les entreprises du secteur, tel que des régimes fiscaux spéciaux pour les entreprises innovantes et la possibilité de créer des structures juridiques adaptées aux projets de blockchain et de crypto-monnaie, comme les associations à but non lucratif et les fondations.

Malte

Malte, surnommée « Blockchain Island », est une juridiction très favorable aux crypto-monnaies et à la blockchain, avec une réglementation claire et des avantages fiscaux pour les entreprises du secteur. Malte offre un programme de résidence et de visa pour les travailleurs et les investisseurs de l'industrie de la crypto-monnaie. Ce programme permet aux titulaires de visa de résider à Malte et de bénéficier d'un taux d'imposition réduit sur les revenus provenant de l'étranger. Les membres de la famille des titulaires de visa peuvent également bénéficier de ce programme.

Gibraltar

Gibraltar est un territoire britannique d'outre-mer situé à l'extrémité sud de la péninsule ibérique, qui a émergé comme un centre majeur pour les entreprises de blockchain et de crypto-monnaie en raison de sa réglementation favorable et de sa position stratégique entre l'Europe et l'Afrique. Gibraltar offre un cadre réglementaire clair pour les entreprises de crypto-monnaie et de blockchain, ainsi que des avantages fiscaux, tels que l'exemption de la taxe sur la valeur ajoutée (TVA) pour les transactions en crypto-monnaie. En outre, Gibraltar propose des programmes de visa spécifiques pour les travailleurs et les investisseurs de l'industrie, tels que le visa de travailleur qualifié et le visa d'investisseur.

En conclusion, il existe plusieurs pays offrant des avantages spécifiques pour les travailleurs et les entrepreneurs de l'industrie de la crypto-monnaie, en termes de réglementation, de fiscalité et de programmes de visa. Il est essentiel de bien comprendre les avantages et les inconvénients de chaque juridiction et de choisir celle qui correspond le mieux à ses besoins et à ses objectifs professionnels et personnels. Les exemples mentionnés ci-dessus ne sont qu'un échantillon des possibilités disponibles pour les personnes intéressées par l'exploration du monde des crypto-monnaies et souhaitant s'installer dans un pays favorable à cette industrie en pleine croissance.

Les énigmes du voyage : Problèmes et solutions lors du processus d'immigration

Le processus d'immigration peut être complexe et semé d'embûches pour les personnes souhaitant s'installer dans un pays étranger, en particulier lorsqu'il s'agit de l'industrie de la crypto-monnaie, qui est encore relativement nouvelle et en constante évolution. Dans cette section, nous aborderons certains des problèmes courants auxquels les immigrants potentiels pourraient être confrontés, ainsi que des solutions possibles pour surmonter ces défis.

Manque de réglementation claire

Un problème majeur auquel sont confrontés les travailleurs et les entrepreneurs de l'industrie de la crypto-monnaie est le manque de réglementation claire et cohérente dans de nombreux pays. Cela peut rendre difficile pour les immigrants de comprendre les exigences légales et fiscales qui leur sont applicables et de se conformer à ces exigences. Pour surmonter ce défi, il est important de mener des recherches approfondies sur les lois et les régulations du pays dans lequel vous souhaitez vous installer et de consulter un avocat ou un fiscaliste spécialisé dans les crypto-monnaies pour vous assurer de respecter toutes les exigences légales.

Preuve d'emploi ou d'investissement

De nombreux pays exigent que les immigrants potentiels fournissent une preuve d'emploi ou d'investissement dans le pays comme condition pour obtenir un visa ou un permis de séjour. Cela peut être difficile pour les travailleurs indépendants ou les entrepreneurs de l'industrie de la crypto-monnaie, qui peuvent ne pas avoir de contrat de travail traditionnel ou d'investissement dans une entreprise locale. Dans de tels cas, il peut être utile de chercher des alternatives, telles que la création d'une entreprise locale ou l'investissement dans un programme d'immigration par l'investissement, qui permet aux immigrants d'obtenir un visa ou un permis de séjour en échange d'un investissement financier dans le pays.

Problèmes de reconnaissance des revenus en crypto-monnaie

Les revenus générés par les activités liées aux crypto-monnaies peuvent ne pas être reconnus par certaines autorités fiscales ou d'immigration, ce qui peut rendre difficile la preuve de la capacité financière requise pour obtenir un visa ou un permis de séjour. Pour résoudre ce problème, il peut être nécessaire de convertir une partie de vos revenus en crypto-monnaie en monnaie fiduciaire et de les déclarer auprès des autorités compétentes. Assurez-vous de conserver des registres détaillés de vos transactions et de vos revenus pour faciliter ce processus.

Difficultés à transférer des fonds entre les pays

Les transferts internationaux de fonds en crypto-monnaie peuvent être soumis à des restrictions ou à des régulations strictes, ce qui peut compliquer le processus d'immigration. Pour éviter ces difficultés, il peut être utile d'utiliser des services de conversion de crypto-monnaie en monnaie fiduciaire et de transfert d'argent pour déplacer vos fonds entre les pays, tout en respectant les régulations locales en matière de transferts de fonds.

Adaptation culturelle et linguistique

S'installer dans un nouveau pays peut être un défi sur le plan culturel et linguistique. Pour les travailleurs et les entrepreneurs de l'industrie de la crypto-monnaie, il est essentiel de s'adapter rapidement à leur nouvel environnement et de développer leurs compétences linguistiques pour faciliter les interactions avec les autorités locales, les partenaires commerciaux et les clients potentiels. Pour surmonter ce défi, il est recommandé de suivre des cours de langue, de participer à des événements culturels locaux et de s'immerger autant que possible dans la culture et la communauté du pays d'accueil.

Trouver un logement et des services adaptés

Trouver un logement et des services tels que des banques, des fournisseurs d'accès à Internet et des services de téléphonie mobile compatibles avec les besoins spécifiques des travailleurs et des entrepreneurs de l'industrie de la crypto-monnaie peut être difficile dans certains pays. Pour résoudre ce problème, il est utile de mener des recherches en ligne et de se connecter avec des expatriés ou des professionnels locaux de la crypto-monnaie pour obtenir des recommandations et des conseils sur les meilleures options disponibles.

Créer un réseau professionnel et social

L'établissement d'un réseau professionnel et social solide est crucial pour les travailleurs et les entrepreneurs de l'industrie de la crypto-monnaie qui s'installent dans un nouveau pays. Pour développer votre réseau, participez à des événements liés à la crypto-monnaie, rejoignez des groupes en ligne et des forums de discussion, et n'hésitez pas à solliciter des conseils et de l'aide auprès de vos pairs.

Surmonter les préjugés et les stéréotypes

Les travailleurs et les entrepreneurs de l'industrie de la crypto-monnaie peuvent être confrontés à des préjugés et des stéréotypes de la part de la population locale, qui peut ne pas être familière avec cette industrie émergente. Pour surmonter ces défis, il est important d'éduquer les gens sur les avantages et les innovations des crypto-monnaies et de travailler pour démystifier les idées fausses courantes.

En conclusion, le processus d'immigration pour les travailleurs et les entrepreneurs de l'industrie de la crypto-monnaie peut être complexe et semé de défis. Cependant, en étant bien informé, en se préparant soigneusement et en étant adaptable, il est possible de surmonter ces obstacles et de réussir dans un nouveau pays.

Les histoires des pionniers : Témoignages d'immigrants du monde de la crypto

Au fil des années, de nombreux travailleurs et entrepreneurs de l'industrie de la crypto-monnaie ont décidé de franchir le pas et de s'installer dans des pays offrant des avantages fiscaux et réglementaires attrayants. Voici quelques témoignages d'immigrants du monde de la crypto qui ont traversé ce voyage et ont partagé leurs expériences.

Alex, entrepreneur en blockchain, d'Allemagne à Malte :

« Lorsque j'ai décidé de lancer ma propre entreprise de blockchain, je cherchais un environnement favorable pour le développement de mon projet. J'ai choisi Malte en raison de sa réputation en tant que « Blockchain Island » et de sa législation progressiste en matière de crypto-monnaie. Le processus d'immigration a été relativement simple, grâce à l'aide d'un avocat local spécialisé dans les affaires de crypto-monnaie. M'adapter à la vie à Malte a été une expérience incroyable, et je suis ravi d'avoir pris cette décision. »

Sofia, développeuse de logiciels, des États-Unis à l'Estonie :

« En tant que développeuse de logiciels spécialisée dans les projets liés à la blockchain, j'ai toujours été intéressée par les pays offrant des avantages pour les travailleurs de l'industrie de la crypto-monnaie. J'ai choisi l'Estonie en raison de son programme de résidence électronique et de sa politique favorable en matière de crypto-monnaie. Le processus de demande de visa a été simple, et l'obtention de la résidence électronique m'a permis d'accéder facilement à divers services en ligne. J'ai été agréablement surprise par la communauté technologique florissante de l'Estonie et par le soutien que j'ai reçu de mes collègues. »

François, investisseur en crypto-monnaie, de France à la Suisse :

« J'ai décidé de m'installer en Suisse pour profiter du régime fiscal favorable aux investisseurs en crypto-monnaie. Le processus d'immigration a été un peu compliqué en raison des différentes réglementations cantonales, mais j'ai finalement réussi à obtenir un permis de séjour. Les paysages suisses sont magnifiques, et la qualité de vie est excellente. Bien que la Suisse soit un pays cher, les avantages fiscaux l'emportent sur les coûts de la vie. »

Ravi, fondateur d'une plateforme d'échange de crypto-monnaies, d'Inde à Singapour :

« Singapour est l'un des centres financiers les plus importants au monde et possède une infrastructure technologique avancée. Pour moi, c'était le choix évident pour lancer ma plateforme d'échange de crypto-monnaies. Le processus d'immigration a été fluide, et les autorités ont été très coopératives. Singapour est également un pays multiculturel, ce qui facilite l'intégration dans la société. Je suis ravi d'avoir choisi Singapour pour mon entreprise et ma nouvelle vie. »

Elena, spécialiste du marketing, d'Espagne à Gibraltar :

« J'ai déménagé à Gibraltar pour travailler en tant que spécialiste du marketing pour une entreprise de crypto-monnaie. Gibraltar est un territoire britannique d'outre-mer et bénéficie d'une législation très favorable en matière de crypto-monnaie. J'ai été impressionnée par la rapidité et la simplicité du processus d'immigration. Le gouvernement de Gibraltar a réellement mis en place un environnement propice à l'industrie de la crypto-monnaie, ce qui se reflète également dans l'attitude des habitants. J'apprécie particulièrement le climat ensoleillé et la qualité de vie ici. »

Kenji, mineur de crypto-monnaies, du Japon à l'Islande :

« J'ai choisi l'Islande pour mon entreprise de minage de crypto-monnaies en raison de l'énergie géothermique abondante et peu coûteuse et du climat froid, qui permet de réduire les coûts de refroidissement des équipements. Le processus d'immigration a été assez simple, et le gouvernement islandais a été très accueillant envers les entrepreneurs de la crypto-monnaie. L'Islande est un pays magnifique avec une population chaleureuse, et je suis heureux d'avoir fait ce choix. »

Ces témoignages illustrent les expériences variées des immigrants du monde de la crypto-monnaie qui ont choisi de s'installer dans des pays offrant des avantages fiscaux et réglementaires attrayants. Leurs histoires mettent en lumière les défis, les opportunités et les récompenses qu'ils ont rencontrés lors de leur voyage, et peuvent servir de source d'inspiration pour d'autres personnes qui envisagent de suivre un chemin similaire.

Naviguer dans les exigences de visa et les avantages spécifiques pour les travailleurs de l'industrie de la crypto-monnaie

Dans cette partie, nous explorerons les procédures et exigences de visa pour chaque pays favorable aux crypto-monnaies, ainsi que les avantages spécifiques pour les travailleurs de l'industrie de la crypto-monnaie qui cherchent à s'installer ou à investir dans ces pays.

Suisse : La Suisse offre différents types de visas et de permis de travail pour les étrangers qui souhaitent travailler ou investir dans le pays. Les ressortissants de l'UE bénéficient de la libre circulation des personnes, tandis que les ressortissants de pays tiers peuvent demander un visa de travail ou d'investisseur. La Suisse a également mis en place un programme de soutien pour les entrepreneurs et les start-ups innovantes, y compris dans le domaine des crypto-monnaies, qui peuvent bénéficier de conseils, de financement et d'autres ressources.

Singapour : Singapour propose plusieurs options de visa pour les travailleurs et les investisseurs étrangers, notamment le visa Employment Pass pour les professionnels qualifiés et le visa EntrePass pour les entrepreneurs. Les entreprises liées à la crypto-monnaie peuvent bénéficier d'un soutien gouvernemental et d'un écosystème technologique en plein essor, ce qui en fait une destination attractive pour les talents internationaux.

Malte : Malte offre des visas de travail et d'investisseur pour les ressortissants non européens, ainsi que des programmes de résidence et de citoyenneté par investissement. Les travailleurs de l'industrie de la crypto-monnaie peuvent bénéficier de l'environnement réglementaire favorable de Malte, qui inclut la création d'une Autorité pour les Technologies et l'Innovation numérique pour superviser le secteur.

Estonie : L'Estonie offre des visas de travail et d'investisseur pour les ressortissants non européens, ainsi qu'un visa de démarrage pour les entrepreneurs dans le secteur de la technologie. Les travailleurs de l'industrie de la crypto-monnaie peuvent bénéficier de l'écosystème technologique en plein essor de l'Estonie, ainsi que de la possibilité de demander la résidence électronique (e-residency) pour faciliter les affaires à distance.

Gibraltar : Gibraltar propose des visas de travail et d'investisseur pour les ressortissants non européens, ainsi que des programmes spécifiques pour les entrepreneurs et les investisseurs dans le secteur des technologies financières, y compris les crypto-monnaies. Les travailleurs de l'industrie de la crypto-monnaie peuvent profiter de l'environnement réglementaire favorable de Gibraltar, qui a mis en place un cadre réglementaire pour les entreprises distribuant des actifs de registre distribué (DLT).

Luxembourg : Le Luxembourg offre des visas de travail et d'investisseur pour les ressortissants non européens, ainsi que des programmes de soutien pour les start-ups et les entrepreneurs dans le secteur des technologies financières. Les travailleurs de l'industrie de la crypto-monnaie peuvent bénéficier de l'écosystème financier solide du Luxembourg et de sa position en tant que centre européen pour les services financiers.

Îles Caïmans : Les îles Caïmans offrent des visas de travail et d'investisseur pour les ressortissants non britanniques, ainsi que des programmes de résidence pour les personnes fortunées et les entrepreneurs. Les travailleurs de l'industrie de la crypto-monnaie peuvent profiter de l'environnement fiscal favorable des îles Caïmans et de leur statut en tant que centre financier offshore. Cependant, il est important de tenir compte des évolutions réglementaires potentielles et de la pression internationale sur les îles Caïmans en matière de transparence financière.

Panama : Le Panama offre plusieurs options de visa pour les travailleurs et les investisseurs étrangers, y compris le visa « Friendly Nations » pour les ressortissants de certains pays, le visa de travail pour les professionnels qualifiés et le visa d'investisseur pour les personnes investissant dans des entreprises panaméennes. Les travailleurs de l'industrie de la crypto-monnaie peuvent bénéficier de l'environnement fiscal avantageux du Panama et de sa position en tant que centre financier et technologique en Amérique latine.

En conclusion, cette partie explore les procédures et exigences de visa pour les travailleurs et les investisseurs de l'industrie de la crypto-monnaie souhaitant s'installer dans des pays favorables aux crypto-monnaies. Chaque pays offre des avantages spécifiques pour les travailleurs et les investisseurs de ce secteur, ainsi que des défis potentiels liés à la réglementation et à l'immigration. Il est crucial de consulter des experts en immigration et en droit du travail, ainsi que de se tenir informé des développements dans le domaine de la réglementation des crypto-monnaies et des exigences de visa pour maximiser les avantages et minimiser les risques lors de la prise de décision pour s'établir dans un pays favorable aux crypto-monnaies.

Analyse des avantages et des inconvénients de s'installer dans différents pays pour les travailleurs de l'industrie de la crypto-monnaie

Dans cette partie, nous examinerons les avantages et les inconvénients de s'installer dans différents pays pour les travailleurs de l'industrie de la crypto-monnaie. Notre objectif est de fournir aux lecteurs une analyse approfondie des facteurs à prendre en compte lors du choix d'un pays pour poursuivre une carrière ou créer une entreprise dans le domaine des crypto-monnaies.

Avantages fiscaux

Les avantages fiscaux offerts par un pays peuvent être un facteur clé dans la décision de s'y installer. Les pays qui offrent des incitations fiscales attrayantes, comme des taux d'imposition réduits sur les gains en capital ou les revenus des entreprises liées aux crypto-monnaies, peuvent être particulièrement intéressants pour les travailleurs et les entrepreneurs de ce secteur. Il est essentiel d'examiner attentivement les régimes fiscaux des différents pays pour déterminer les avantages potentiels.

Réglementation favorable

Les pays qui ont adopté une réglementation favorable aux crypto-monnaies peuvent offrir un environnement plus propice au développement et à la croissance des entreprises de cette industrie. Les régulations claires et prévisibles permettent aux travailleurs et aux entrepreneurs de naviguer plus facilement dans le paysage juridique et de se conformer aux exigences légales. Des exemples de pays ayant adopté une réglementation favorable incluent la Suisse, Malte et l'Estonie.

Infrastructure technologique

L'infrastructure technologique d'un pays, notamment la qualité de sa connectivité Internet et la disponibilité de ressources technologiques avancées, peut avoir un impact significatif sur la réussite des travailleurs et des entrepreneurs de l'industrie de la crypto-monnaie. Les pays dotés d'infrastructures technologiques solides et d'écosystèmes d'innovation bien développés sont généralement plus favorables à la croissance des entreprises liées aux crypto-monnaies.

Accès au capital et aux investissements

L'accès au capital et aux investissements est crucial pour le développement et la croissance des entreprises de l'industrie de la crypto-monnaie. Les pays qui offrent un accès facile aux financements, tels que les investisseurs en capital-risque, les business angels et les subventions gouvernementales, peuvent être plus attrayants pour les entrepreneurs cherchant à créer des entreprises liées aux crypto-monnaies.

Main-d'œuvre qualifiée

Les pays qui disposent d'une main-d'œuvre qualifiée et compétente dans le domaine des technologies de l'information et des crypto-monnaies peuvent offrir de meilleures opportunités pour les travailleurs et les entrepreneurs. La disponibilité de talents locaux peut faciliter la croissance et le développement des entreprises de l'industrie de la crypto-monnaie et attirer des investissements étrangers.

Coût de la vie et qualité de vie

Les pays offrant un coût de la vie abordable et une qualité de vie élevée peuvent être plus attrayants pour les travailleurs et les entrepreneurs de l'industrie de la crypto-monnaie. Les facteurs à considérer incluent le coût du logement, des transports, de la nourriture, des soins de santé et des loisirs, ainsi que la sécurité, la stabilité politique, l'environnement et la culture. Trouver un équilibre entre ces aspects est essentiel pour assurer une expérience de vie satisfaisante et propice au succès professionnel.

Soutien et réseautage au sein de la communauté

La présence d'une communauté active et engagée de professionnels de la crypto-monnaie et de la technologie peut être un atout précieux pour les travailleurs et les entrepreneurs qui cherchent à s'établir dans un pays favorable aux crypto-monnaies. Les pays dotés de communautés dynamiques offrent généralement un meilleur soutien, des opportunités de réseautage et d'échange d'idées, ainsi que des ressources et des conseils pour aider les entreprises à se développer.

Procédures et exigences de visa

Les procédures et les exigences de visa peuvent varier considérablement d'un pays à l'autre, et il est important de les prendre en compte lors de la planification de l'installation dans un pays étranger. Les pays qui offrent des procédures de visa simplifiées et des exigences claires pour les travailleurs et les entrepreneurs de l'industrie de la crypto-monnaie peuvent être plus attrayants que ceux où les procédures sont complexes et longues.

Potentiel de croissance à long terme

Enfin, il est essentiel d'évaluer le potentiel de croissance à long terme de l'industrie de la crypto-monnaie dans un pays donné. Les pays qui investissent dans le développement de leur secteur des technologies de l'information et qui adoptent des politiques favorables à la croissance des crypto-monnaies sont susceptibles d'offrir de meilleures opportunités à long terme pour les travailleurs et les entrepreneurs.

En résumé, cette partie fournit une analyse approfondie des avantages et des inconvénients de s'installer dans différents pays pour les travailleurs de l'industrie de la crypto-monnaie. En examinant attentivement ces facteurs et en pesant les avantages et les inconvénients de chaque pays, les lecteurs pourront prendre des décisions éclairées sur le meilleur endroit pour s'établir et poursuivre une carrière ou créer une entreprise dans le domaine des crypto-monnaies.

Le prisme de l'avenir : Tendances et perspectives d'avenir de l'industrie

La vision du prophète : Prédictions pour le futur de la crypto-monnaie

Dans le monde en constante évolution des crypto-monnaies, il est important d'essayer d'entrevoir l'avenir et de comprendre comment cette industrie pourrait se développer et évoluer dans les années à venir. Bien qu'il soit impossible de prévoir avec certitude ce qui se passera, nous pouvons néanmoins étudier les tendances actuelles et faire des suppositions éclairées sur ce à quoi nous pourrions nous attendre. Voici quelques-unes des prédictions pour l'avenir de la crypto-monnaie.

Adoption généralisée des crypto-monnaies

L'adoption généralisée des crypto-monnaies est un objectif majeur pour les entreprises et les défenseurs de l'industrie. À mesure que les avantages des crypto-monnaies, tels que les transactions rapides, les frais réduits et la sécurité améliorée, deviennent de plus en plus évidents, il est probable que de plus en plus de personnes et d'entreprises adopteront ces nouvelles formes de monnaie numérique. Cela pourrait inclure l'utilisation de la crypto-monnaie pour les transactions quotidiennes, les investissements et la gestion des actifs.

Émergence de nouvelles applications et technologies blockchain

La technologie blockchain, qui sous-tend la plupart des crypto-monnaies, a un potentiel énorme pour transformer diverses industries, allant de la finance aux soins de santé en passant par la chaîne d'approvisionnement. À mesure que de nouvelles applications et technologies basées sur la blockchain continueront d'émerger, les crypto-monnaies pourraient également évoluer et se diversifier pour répondre aux besoins changeants de ces industries.

Intégration croissante avec les systèmes financiers traditionnels

Les crypto-monnaies sont de plus en plus acceptées par les institutions financières traditionnelles, telles que les banques et les bourses. Il est probable que cette tendance se poursuivra et s'accélérera à mesure que les avantages des crypto-monnaies deviennent plus évidents et que les régulateurs mettent en place des cadres pour leur utilisation. Cela pourrait inclure l'intégration des crypto-monnaies dans les services de paiement traditionnels, la création de produits d'investissement basés sur la crypto-monnaie et l'acceptation des crypto-monnaies comme garantie pour les prêts.

Régulation accrue et normalisation des lois

La régulation des crypto-monnaies et de la technologie blockchain est encore largement fragmentée et incohérente à travers le monde. Cependant, il est probable que les gouvernements et les organismes de régulation travailleront de plus en plus ensemble pour créer des cadres réglementaires normalisés et cohérents pour l'industrie. Cela pourrait aider à établir la confiance et à faciliter l'adoption généralisée des crypto-monnaies.

Développement de la technologie d'évolutivité et des solutions de confidentialité

L'évolutivité et la confidentialité sont deux défis majeurs auxquels sont confrontées de nombreuses crypto-monnaies actuelles. À mesure que la demande pour les transactions de crypto-monnaie augmente, il est essentiel de développer des technologies qui permettent aux réseaux de traiter un nombre croissant de transactions tout en maintenant des niveaux élevés de sécurité et de confidentialité. Des projets tels que le sharding et les solutions de mise à l'échelle hors chaîne, tels que les réseaux Lightning, sont actuellement en cours de développement et pourraient jouer un rôle clé dans l'amélioration de l'évolutivité des crypto-monnaies. Parallèlement, des technologies de confidentialité améliorées, telles que les preuves à divulgation nulle de connaissance (zk-SNARKs), pourraient permettre aux utilisateurs de réaliser des transactions de manière anonyme tout en préservant la transparence et la sécurité du réseau.

Croissance des monnaies numériques des banques centrales (CBDC)

De nombreuses banques centrales du monde entier étudient actuellement la possibilité de créer leurs propres monnaies numériques. Ces CBDC pourraient offrir aux citoyens un moyen plus rapide, plus sûr et moins coûteux d'effectuer des transactions et de stocker de la valeur. À mesure que ces projets progressent, il est probable que les CBDC joueront un rôle de plus en plus important dans l'écosystème des crypto-monnaies, offrant une alternative aux monnaies numériques privées et potentiellement facilitant l'adoption généralisée des crypto-monnaies.

Impact environnemental et adoption de solutions plus durables

L'impact environnemental de certaines crypto-monnaies, en particulier celles qui utilisent le mécanisme de consensus de preuve de travail (PoW), est une préoccupation croissante. Les critiques soutiennent que les énormes quantités d'énergie nécessaires pour sécuriser les réseaux PoW sont insoutenables à long terme. À mesure que la pression s'accroît pour rendre l'industrie de la crypto-monnaie plus respectueuse de l'environnement, il est probable que nous verrons un passage à des mécanismes de consensus plus durables, tels que la preuve d'enjeu (PoS) et les modèles de consensus délégués.

En résumé, l'avenir des crypto-monnaies est incertain, mais il semble prometteur. L'adoption généralisée, l'émergence de nouvelles technologies et applications, l'intégration avec les systèmes financiers traditionnels, la régulation accrue, le développement de solutions d'évolutivité et de confidentialité, la croissance des CBDC et la prise en compte de l'impact environnemental sont autant de facteurs qui pourraient façonner l'avenir de l'industrie de la crypto-monnaie. Alors que nous naviguons dans cet océan d'incertitude, il est essentiel de rester informé et de s'adapter aux changements qui se profilent à l'horizon.

Les étoiles filantes : Émergence
de nouvelles crypto-monnaies et technologies

Au fur et à mesure que le monde des crypto-monnaies évolue, de nouvelles monnaies numériques et technologies émergent, offrant de nouvelles opportunités et façonnant l'avenir de l'industrie. Dans cette section, nous examinerons certaines des principales tendances et innovations qui pourraient avoir un impact significatif sur le marché des crypto-monnaies dans les années à venir.

Projets de finance décentralisée (DeFi)

La finance décentralisée, ou DeFi, est un secteur en pleine expansion qui cherche à réinventer les services financiers traditionnels en utilisant des technologies basées sur la blockchain. Les projets DeFi visent à créer des systèmes financiers ouverts, transparents et accessibles à tous, en supprimant les intermédiaires tels que les banques et les institutions financières. Parmi les principales innovations de la DeFi, citons les prêts et emprunts peer-to-peer, les plateformes d'échange décentralisées (DEX), les stablecoins et les produits dérivés décentralisés.

Solutions d'évolutivité et de confidentialité

L'une des principales préoccupations concernant les crypto-monnaies est leur capacité à traiter un grand nombre de transactions tout en maintenant des niveaux élevés de sécurité et de confidentialité. Des projets tels que le sharding et les solutions de mise à l'échelle hors chaîne, comme les réseaux Lightning, sont actuellement en cours de développement et pourraient jouer un rôle clé dans l'amélioration de l'évolutivité des crypto-monnaies. Parallèlement, des technologies de confidentialité améliorées, telles que les preuves à divulgation nulle de connaissance (zk-SNARKs), pourraient permettre aux utilisateurs de réaliser des transactions de manière anonyme tout en préservant la transparence et la sécurité du réseau.

Internet des objets (IoT) et crypto-monnaies

L'intégration des crypto-monnaies et de l'Internet des objets (IoT) offre des opportunités passionnantes pour l'avenir de l'industrie. Les crypto-monnaies pourraient être utilisées pour faciliter les transactions entre les appareils connectés, permettant des échanges de valeur automatisés et sécurisés dans un environnement décentralisé. Des projets tels qu'IOTA et Streamr travaillent déjà sur l'intégration des crypto-monnaies et de l'IoT, avec pour objectif de créer des économies de données décentralisées et des marchés pour les données générées par les appareils connectés.

Tokenisation des actifs et jetons non fongibles (NFT)

La tokenisation des actifs est un autre domaine d'innovation passionnant dans le monde des crypto-monnaies. La tokenisation permet de représenter des actifs du monde réel, tels que l'immobilier, les actions, les œuvres d'art et les métaux précieux, sous forme de jetons numériques sur une blockchain. Ces jetons peuvent ensuite être échangés, fractionnés et gérés de manière plus efficace et transparente que les actifs traditionnels.

Les jetons non fongibles (NFT) représentent une autre tendance majeure dans la tokenisation des actifs. Les NFT sont des jetons numériques uniques qui peuvent représenter des objets de collection, des œuvres d'art numériques, des objets de jeu et d'autres actifs numériques rares. Les NFT ont attiré une attention considérable en raison de leur capacité à prouver la propriété et l'authenticité des actifs numériques, et leur popularité devrait continuer à croître à mesure que de nouvelles plateformes et marchés se développent autour d'eux.

Adoption des stablecoins

Les stablecoins sont des crypto-monnaies conçues pour minimiser la volatilité en étant adossées à des actifs stables tels que des devises fiduciaires, des métaux précieux ou d'autres crypto-monnaies. Les stablecoins ont gagné en popularité en raison de leur utilité en tant que moyen d'échange, de réserve de valeur et d'unité de compte. Ils offrent également une solution pour les personnes qui souhaitent profiter des avantages des crypto-monnaies tout en évitant la volatilité souvent associée à ces actifs numériques. À l'avenir, on peut s'attendre à ce que les stablecoins continuent de jouer un rôle important dans l'écosystème des crypto-monnaies, en particulier dans les applications DeFi et en tant que moyen de paiement pour les biens et services.

Régulation et adoption institutionnelle

L'adoption institutionnelle des crypto-monnaies est un autre facteur clé qui façonnera l'avenir de l'industrie. À mesure que les régulateurs du monde entier commencent à mieux comprendre les crypto-monnaies et à mettre en place des régulations adaptées, les institutions financières traditionnelles deviennent de plus en plus à l'aise avec l'idée d'investir dans ces actifs numériques. Cette adoption institutionnelle pourrait conduire à une plus grande légitimité et à une adoption plus large des crypto-monnaies par les consommateurs et les entreprises.

En conclusion, l'avenir des crypto-monnaies est rempli d'opportunités et de défis. Les tendances et innovations présentées ici ne sont qu'une partie de l'évolution en cours dans le monde des monnaies numériques. Alors que l'industrie continue de mûrir, il est essentiel pour les investisseurs, les entrepreneurs et les passionnés de rester informés et de s'adapter aux changements rapides du marché.

Le mouvement des marées : Évolution des régulations et des politiques

L'évolution des régulations et des politiques est un aspect crucial pour comprendre les tendances et les perspectives d'avenir de l'industrie des crypto-monnaies. Les gouvernements du monde entier prennent des mesures pour encadrer l'usage des crypto-monnaies, afin de protéger les consommateurs, de lutter contre le blanchiment d'argent et de financer le terrorisme, tout en permettant l'innovation technologique. Les régulations et les politiques en matière de crypto-monnaies sont en constante évolution et peuvent avoir un impact significatif sur l'adoption et la croissance du marché des crypto-monnaies.

Lutte contre le blanchiment d'argent et le financement du terrorisme

La préoccupation majeure des régulateurs et des gouvernements en matière de crypto-monnaies est la lutte contre le blanchiment d'argent (AML) et le financement du terrorisme (CFT). Les crypto-monnaies, en raison de leur nature décentralisée et pseudonyme, peuvent être utilisées pour faciliter ces activités illicites. Ainsi, les gouvernements cherchent à mettre en place des régulations qui imposent des obligations de vigilance à l'égard de la clientèle (KYC) aux plateformes d'échange de crypto-monnaies, aux fournisseurs de portefeuilles et aux autres entreprises liées aux crypto-monnaies. Les régulateurs mondiaux, tels que le Groupe d'action financière (GAFI), établissent également des normes pour aider les pays à mettre en œuvre des régulations efficaces en matière d'AML et de CFT pour les crypto-monnaies.

Protection des consommateurs

Les régulateurs cherchent également à protéger les consommateurs contre les risques liés aux crypto-monnaies, tels que les fraudes, les escroqueries et la volatilité des prix. Des régulations visant à protéger les consommateurs pourraient inclure des exigences en matière de transparence, de divulgation et de gouvernance pour les plateformes d'échange de crypto-monnaies, ainsi que des limites sur les types de produits et de services offerts aux consommateurs. Les régulateurs peuvent également chercher à imposer des normes de sécurité pour les plateformes d'échange de crypto-monnaies afin de protéger les fonds des utilisateurs contre les cyberattaques et les vols.

Fiscalité

La fiscalité des crypto-monnaies est un autre domaine de régulation en évolution. Les gouvernements cherchent à déterminer comment taxer les gains en capital, les revenus et les transactions impliquant des crypto-monnaies. Les politiques fiscales varient d'un pays à l'autre, et les investisseurs et les utilisateurs de crypto-monnaies doivent se tenir informés des régulations fiscales dans leur juridiction. Les régulateurs peuvent également chercher à imposer des exigences en matière de déclaration fiscale pour les détenteurs de crypto-monnaies et les entreprises liées aux crypto-monnaies.

Évolution des licences et des autorisations

Les régulateurs mettent en place des régimes de licences et d'autorisations pour les entreprises liées aux crypto-monnaies, comme les plateformes d'échange et les fournisseurs de services de portefeuille. Ces licences et autorisations ont pour but de garantir que les entreprises respectent les normes en matière de lutte contre le blanchiment d'argent, de protection des consommateurs et de sécurité. Les entreprises opérant dans le secteur des crypto-monnaies doivent se conformer aux régulations locales et obtenir les licences et autorisations nécessaires pour exercer leurs activités.

Intégration des crypto-monnaies dans le système financier traditionnel

L'évolution des régulations et des politiques peut également avoir un impact sur l'intégration des crypto-monnaies dans le système financier traditionnel. Les gouvernements et les régulateurs cherchent à comprendre comment les crypto-monnaies peuvent coexister avec les monnaies fiduciaires et les systèmes financiers existants. Cela peut inclure la création de passerelles entre les monnaies fiduciaires et les crypto-monnaies, ainsi que l'élaboration de régulations pour les stablecoins et les monnaies numériques de banque centrale (CBDC).

Régulations environnementales

Les préoccupations environnementales liées à la consommation d'énergie des crypto-monnaies, en particulier du Bitcoin, pourraient également entraîner de nouvelles régulations. Les gouvernements pourraient imposer des normes environnementales aux entreprises liées aux crypto-monnaies, telles que les mineurs de Bitcoin, pour réduire leur empreinte carbone et promouvoir des pratiques durables.

En conclusion, les régulations et les politiques en matière de crypto-monnaies continueront d'évoluer à mesure que les gouvernements cherchent à encadrer cette technologie émergente. Les investisseurs, les entrepreneurs et les utilisateurs de crypto-monnaies doivent se tenir informés des changements dans les régulations et les politiques pour naviguer avec succès dans cet environnement en constante évolution. Les tendances actuelles suggèrent que les gouvernements et les régulateurs chercheront à équilibrer la promotion de l'innovation technologique avec la protection des consommateurs et la lutte contre les activités illicites.

Les signes du zodiaque :
Identifier les pays susceptibles d'adopter des réglementations favorables à l'avenir

Les étoiles montantes : Pays en voie de développement et crypto-monnaies

Les pays en voie de développement, tels que ceux d'Afrique, d'Asie et d'Amérique latine, pourraient être les prochains à adopter des réglementations favorables aux crypto-monnaies. Ces pays ont souvent des économies en croissance rapide, des populations jeunes et technophiles, et des systèmes financiers moins développés. Les crypto-monnaies peuvent offrir des solutions innovantes pour combler les lacunes des systèmes financiers traditionnels et faciliter l'inclusion financière.

Plusieurs pays en développement ont déjà pris des mesures pour encourager l'adoption des crypto-monnaies. Par exemple, le Nigeria a récemment reconnu les crypto-monnaies comme des instruments financiers et travaille sur un cadre réglementaire pour les encadrer. De même, le Kenya a mis en place un groupe de travail pour étudier l'adoption des crypto-monnaies et envisage d'émettre une monnaie numérique de banque centrale.

Les oasis de l'innovation : Pays avec un fort soutien à la technologie et à l'entrepreneuriat

Les pays qui soutiennent activement la technologie et l'entrepreneuriat pourraient également être plus enclins à adopter des réglementations favorables aux crypto-monnaies.

Ces pays reconnaissent généralement l'importance de l'innovation pour stimuler la croissance économique et améliorer la compétitivité à l'échelle mondiale. Ils cherchent à attirer des investissements et des talents en créant des environnements propices aux startups et aux entrepreneurs.

Singapour, par exemple, est un pays qui a déjà adopté une approche favorable à l'égard des crypto-monnaies. Le pays a établi un cadre réglementaire solide pour les entreprises de services de paiement, y compris celles qui traitent des actifs numériques, et a encouragé la collaboration entre les startups de la blockchain et les institutions financières traditionnelles. D'autres pays, tels que l'Estonie et la Suisse, ont également pris des mesures pour soutenir l'industrie des crypto-monnaies et attirer les entrepreneurs et les investisseurs.

Les constellations régionales : Coopération et harmonisation entre les pays voisins

La coopération régionale et l'harmonisation des réglementations pourraient également jouer un rôle important dans l'adoption future de réglementations favorables aux crypto-monnaies. Les pays voisins peuvent choisir de travailler ensemble pour créer un environnement réglementaire cohérent et éviter les distorsions de concurrence. Cela peut faciliter l'adoption des crypto-monnaies et la croissance de l'industrie dans la région.

L'Union européenne, par exemple, travaille actuellement sur un cadre réglementaire commun pour les marchés des crypto-monnaies. Le projet de règlement sur les marchés des crypto-actifs (MiCA) vise à établir des règles uniformes pour les entreprises de l'industrie des crypto-monnaies et à faciliter leur accès au marché unique européen. Si le MiCA est adopté, cela pourrait encourager d'autres pays de l'UE à adopter des réglementations favorables aux crypto-monnaies et à soutenir l'innovation dans le secteur.

Les précurseurs : Les pays qui ont déjà adopté des réglementations favorables

Les pays qui ont déjà adopté des réglementations favorables aux crypto-monnaies sont susceptibles de continuer à les améliorer et à les ajuster en fonction de l'évolution du marché et des technologies. Ces pays pourraient servir de modèles pour d'autres gouvernements qui cherchent à adopter des réglementations similaires.

Malte, par exemple, est souvent surnommée la « Blockchain Island » en raison de son cadre réglementaire avancé et favorable aux entreprises de l'industrie des crypto-monnaies. Le pays a adopté plusieurs lois pour encadrer les offres initiales de pièces (ICO), les plateformes d'échange de crypto-monnaies et les services de portefeuille numérique. D'autres pays, tels que le Japon et la Corée du Sud, ont également adopté des réglementations favorables aux crypto-monnaies et pourraient continuer à améliorer leur cadre réglementaire à l'avenir.

Les facteurs déterminants : Les éléments clés pour l'adoption de réglementations favorables

Plusieurs facteurs peuvent influencer l'adoption de réglementations favorables aux crypto-monnaies dans un pays donné. Parmi ceux-ci, citons la stabilité politique et économique, le niveau d'éducation et de compétences techniques de la population, l'infrastructure technologique, l'ouverture aux investissements étrangers et la culture entrepreneuriale.

En fin de compte, l'adoption de réglementations favorables aux crypto-monnaies dépendra de la volonté des gouvernements à reconnaître les avantages potentiels de l'innovation et à trouver un équilibre entre la protection des consommateurs, la lutte contre le blanchiment d'argent et le financement du terrorisme, et la promotion de la croissance économique.

En résumé, l'avenir de l'industrie des crypto-monnaies dépendra en grande partie des décisions prises par les gouvernements et les régulateurs du monde entier. Les pays en développement, les nations soutenant l'innovation et l'entrepreneuriat, les régions coopérant sur des cadres réglementaires communs et les pays ayant déjà adopté des réglementations favorables sont susceptibles d'être les leaders dans l'adoption future de réglementations favorables aux crypto-monnaies.

Les géants endormis : Les grandes économies qui commencent à embrasser les crypto-monnaies

Dans cette partie, nous examinons les grandes économies mondiales qui ont commencé à embrasser les crypto-monnaies et la technologie blockchain, cherchant à tirer parti de leur potentiel pour stimuler la croissance, l'innovation et la compétitivité. En se joignant à la révolution numérique, ces géants endormis cherchent à renforcer leur position sur la scène internationale et à façonner l'avenir de l'industrie des crypto-monnaies.

Les États-Unis, en tant que première économie mondiale, ont adopté une approche prudente et équilibrée en matière de régulation des crypto-monnaies. Reconnaissant le potentiel des technologies de la blockchain pour transformer l'économie, les autorités américaines ont cherché à encourager l'innovation tout en protégeant les consommateurs et en prévenant les abus. La Securities and Exchange Commission (SEC) et la Commodity Futures Trading Commission (CFTC) ont pris des mesures pour clarifier le statut juridique des crypto-actifs et des ICO, tout en surveillant de près les marchés pour détecter la fraude et la manipulation.

Cependant, les régulations américaines des crypto-monnaies sont loin d'être uniformes, avec des approches différentes adoptées par les États individuels. Certains États, comme le Wyoming, ont adopté des lois favorables aux crypto-monnaies et à la blockchain, cherchant à attirer les entreprises et les talents dans leur juridiction. D'autres, comme New York, ont adopté des régulations plus strictes, mettant en place des barrières à l'entrée pour les entreprises de la blockchain. Cette situation complexe et fragmentée crée des défis pour les entrepreneurs et les investisseurs, qui doivent naviguer dans un paysage réglementaire en constante évolution.

L'Union européenne, quant à elle, a également adopté une approche progressive et coordonnée en matière de régulation des crypto-monnaies. Les autorités européennes ont cherché à encourager l'innovation et à soutenir le développement de l'écosystème blockchain tout en protégeant les investisseurs et en prévenant les risques systémiques. En 2020, l'UE a adopté le règlement sur les marchés des crypto-actifs (MiCA), qui vise à créer un cadre juridique harmonisé pour les crypto-actifs et les services liés à la blockchain.

Ce règlement établit des exigences en matière d'émission, de commercialisation et d'exploitation des crypto-actifs, ainsi que des normes en matière de gouvernance, de transparence et de responsabilité. En créant un environnement réglementaire clair et uniforme, l'UE cherche à renforcer la confiance des investisseurs, à faciliter la coopération transfrontalière et à positionner l'Europe comme un leader mondial dans le domaine des crypto-monnaies et de la blockchain.

Malgré ces efforts, les grandes économies font face à des défis considérables pour intégrer pleinement les crypto-monnaies et la technologie blockchain dans leur économie et leur système financier. Les questions de régulation, de fiscalité et de conformité restent complexes et sujettes à des débats intenses. Les gouvernements doivent trouver un équilibre délicat entre la promotion de l'innovation et la protection des consommateurs, tout en s'attaquant aux problèmes tels que la volatilité des marchés, la criminalité financière et l'évasion fiscale.

De plus, les grandes économies doivent également gérer les défis sociaux et environnementaux associés à la révolution numérique. L'adoption massive des crypto-monnaies et des technologies de la blockchain peut entraîner une consommation d'énergie accrue et un impact sur les ressources naturelles. Les gouvernements et les entreprises doivent travailler ensemble pour promouvoir des solutions durables et écoénergétiques afin de minimiser leur empreinte écologique et préserver l'environnement pour les générations futures.

En conclusion, cette partie examine les grandes économies mondiales qui ont commencé à embrasser les crypto-monnaies et la technologie blockchain, cherchant à tirer parti de leur potentiel pour stimuler la croissance, l'innovation et la compétitivité. En explorant leurs motivations, leurs stratégies et leurs défis, nous pouvons tirer des leçons précieuses pour les entrepreneurs et les investisseurs qui souhaitent naviguer dans ce nouvel océan numérique. Comme les géants endormis qui se réveillent pour prendre part à la révolution numérique, ces économies ont le pouvoir de façonner l'avenir de l'industrie des crypto-monnaies et de créer des opportunités sans précédent pour leurs citoyens.

Le rôle des pays en développement dans la révolution des crypto-monnaies

Dans cette partie, nous examinons le rôle croissant des pays en développement dans l'adoption et la promotion des crypto-monnaies et de la technologie blockchain. Ces nations émergentes, souvent confrontées à des défis économiques, politiques et sociaux, voient dans les crypto-monnaies une opportunité de stimuler la croissance économique, d'améliorer l'inclusion financière et de renforcer la gouvernance.

L'un des exemples les plus marquants est l'Afrique, où l'adoption des crypto-monnaies et de la technologie blockchain a connu une croissance rapide ces dernières années.

Confrontés à une instabilité monétaire, à des taux d'inflation élevés et à un manque d'accès aux services financiers traditionnels, de nombreux Africains ont adopté les crypto-monnaies comme moyen de stocker de la valeur, de réaliser des transactions et de se protéger contre les incertitudes économiques. Les gouvernements africains, tels que le Nigeria, l'Afrique du Sud et le Kenya, ont pris des mesures pour réguler les crypto-monnaies et encourager l'innovation dans le domaine de la blockchain.

En Amérique latine, les crypto-monnaies ont également gagné en popularité en raison de l'instabilité économique et des restrictions sur les transactions internationales. Des pays comme le Venezuela, l'Argentine et le Brésil ont vu une adoption croissante des crypto-monnaies parmi leurs citoyens, qui les utilisent pour se protéger contre l'inflation et pour envoyer et recevoir de l'argent à l'étranger. De plus, certains gouvernements latino-américains, comme le Salvador, ont franchi une étape supplémentaire en adoptant le bitcoin comme monnaie légale, dans le but de stimuler l'investissement, de réduire les coûts de transaction et d'améliorer l'inclusion financière.

En Asie, des pays en développement tels que l'Inde, les Philippines et l'Indonésie ont également connu une croissance rapide de l'adoption des crypto-monnaies, stimulée par la demande de services financiers numériques et l'essor des technologies mobiles. Les gouvernements de ces pays ont adopté des approches variées en matière de régulation des crypto-monnaies, cherchant à encourager l'innovation tout en protégeant les consommateurs et en prévenant les risques financiers.

Cependant, les pays en développement font également face à des défis importants pour tirer pleinement parti des avantages des crypto-monnaies et de la technologie blockchain. Les questions de régulation, d'éducation et de sensibilisation du public restent cruciales pour garantir une adoption généralisée et responsable des crypto-monnaies. De plus, les infrastructures technologiques, telles que l'accès à Internet et l'électricité, doivent être améliorées pour soutenir le développement de l'écosystème des crypto-monnaies.

En outre, les gouvernements et les entreprises des pays en développement doivent travailler ensemble pour promouvoir la transparence, la responsabilité et la bonne gouvernance dans l'industrie des crypto-monnaies. Les risques liés à la corruption, au blanchiment d'argent et au financement du terrorisme doivent être pris en compte et atténués par des mesures de contrôle appropriées et une coopération internationale.

Enfin, il est essentiel que les pays en développement collaborent avec la communauté internationale pour partager les meilleures pratiques, les connaissances et les ressources afin de créer un environnement propice à l'adoption des crypto-monnaies et de la technologie blockchain. Des initiatives régionales et multilatérales, telles que les forums de coopération, les accords commerciaux et les programmes de développement, peuvent jouer un rôle important pour soutenir les efforts des pays en développement dans ce domaine.

En conclusion, cette partie examine le rôle croissant des pays en développement dans la révolution des crypto-monnaies et explore les opportunités et les défis auxquels ils sont confrontés dans leur quête d'un avenir numérique plus inclusif et prospère. En adoptant les crypto-monnaies et la technologie blockchain, ces nations émergentes ont l'occasion de transformer leur économie, de renforcer leur résilience face aux chocs extérieurs et de créer un avenir meilleur pour leurs citoyens.

Alors que nous poursuivons notre voyage à travers les paysages changeants de l'industrie des crypto-monnaies, nous devons nous rappeler que la révolution numérique est un phénomène global qui transcende les frontières et les clivages traditionnels. Les pays en développement, en tant que participants actifs et moteurs de l'innovation, ont un rôle crucial à jouer dans la réalisation du potentiel des crypto-monnaies et de la technologie blockchain pour créer un monde plus juste, plus équilibré et plus durable.

Perspectives d'avenir pour l'industrie de la crypto-monnaie et facteurs influençant le choix d'un pays

Dans cette partie, nous aborderons les perspectives d'avenir pour l'industrie de la crypto-monnaie et les facteurs qui peuvent influencer le choix d'un pays pour les travailleurs et les entrepreneurs de cette industrie. Nous analyserons également les avantages et les inconvénients de s'installer dans différents pays et les tendances qui pourraient façonner le paysage de la crypto-monnaie dans les années à venir.

Évolution des régulations

Les régulations autour de la crypto-monnaie évoluent rapidement, et les travailleurs et les entrepreneurs doivent rester informés des dernières mises à jour législatives. Les pays qui adoptent des régulations favorables à la crypto-monnaie peuvent offrir un environnement propice aux entreprises et aux investissements dans ce secteur, tandis que les pays avec des régulations plus strictes pourraient entraver la croissance et l'innovation. Il est crucial de surveiller l'évolution des régulations pour évaluer les opportunités et les risques potentiels dans différents pays.

Adoption et acceptation des crypto-monnaies

L'adoption et l'acceptation des crypto-monnaies par les consommateurs, les entreprises et les gouvernements sont des facteurs déterminants pour le succès et la croissance de l'industrie. Les pays où l'adoption des crypto-monnaies est plus élevée offriront de meilleures opportunités pour les travailleurs et les entrepreneurs de cette industrie. Le suivi des taux d'adoption et de l'évolution des attitudes envers les crypto-monnaies peut aider à identifier les pays les plus prometteurs pour s'installer.

Infrastructure technologique

Une infrastructure technologique solide est essentielle pour soutenir le développement et la croissance de l'industrie de la crypto-monnaie. Les pays avec une infrastructure technologique avancée, tels que l'accès à Internet haut débit, des centres de données et des réseaux de communication fiables, seront plus attrayants pour les travailleurs et les entrepreneurs de la crypto-monnaie.

Écosystème d'innovation

Un écosystème d'innovation dynamique et florissant est un facteur clé pour attirer les travailleurs et les entrepreneurs de l'industrie de la crypto-monnaie. Les pays qui offrent un soutien aux startups et aux entreprises innovantes, par exemple à travers des programmes d'incubation, des subventions ou des partenariats avec des institutions académiques, peuvent offrir un environnement favorable pour le développement de nouvelles idées et technologies dans le domaine de la crypto-monnaie.

Stabilité économique et politique

La stabilité économique et politique d'un pays peut également influencer le choix d'un pays pour les travailleurs et les entrepreneurs de la crypto-monnaie. Les pays avec une économie stable et un climat politique favorable sont généralement plus attrayants pour les investissements et les entreprises. Les travailleurs et les entrepreneurs doivent tenir compte des risques potentiels associés à la stabilité économique et politique lorsqu'ils évaluent les opportunités dans différents pays.

Coût de la vie et qualité de vie

Le coût de la vie et la qualité de vie dans un pays peuvent également influencer le choix des travailleurs et des entrepreneurs de l'industrie de la crypto-monnaie. Les pays où le coût de la vie est abordable et où la qualité de vie est élevée peuvent être plus attrayants pour les personnes qui souhaitent s'installer et travailler dans le domaine des crypto-monnaies. Les facteurs tels que le niveau de revenu, les services de santé, l'éducation et la sécurité peuvent tous contribuer à la qualité de vie globale d'un pays.

Réseaux et communautés de crypto-monnaie

Les réseaux et les communautés de crypto-monnaie locaux peuvent offrir un soutien précieux aux travailleurs et aux entrepreneurs qui cherchent à s'établir dans un nouveau pays. Les pays qui abritent une communauté de crypto-monnaie active et engagée peuvent offrir des opportunités de réseautage, de collaboration et d'entraide pour les personnes travaillant dans cette industrie.

Évolution des technologies et des cas d'utilisation

Les technologies et les cas d'utilisation de la crypto-monnaie évoluent rapidement, et les travailleurs et les entrepreneurs doivent être conscients des tendances émergentes et des opportunités potentielles. En suivant l'évolution des technologies, telles que les contrats intelligents, les protocoles de couche 2 et les applications décentralisées (dApps), les travailleurs et les entrepreneurs peuvent identifier les domaines dans lesquels il y a un potentiel de croissance et d'innovation.

Rôle des gouvernements et des institutions

Les gouvernements et les institutions jouent un rôle clé dans l'évolution de l'industrie de la crypto-monnaie. Les politiques et les régulations mises en place par les gouvernements peuvent avoir un impact significatif sur la croissance et le développement de l'industrie. Les travailleurs et les entrepreneurs doivent surveiller les actions des gouvernements et des institutions et évaluer leur impact potentiel sur l'industrie de la crypto-monnaie dans différents pays.

En résumé, cette partie examine les facteurs qui peuvent influencer le choix d'un pays pour les travailleurs et les entrepreneurs de l'industrie de la crypto-monnaie, ainsi que les tendances et les perspectives d'avenir pour l'industrie. En tenant compte de ces facteurs et en évaluant les avantages et les inconvénients de s'installer dans différents pays, les travailleurs et les entrepreneurs peuvent prendre des décisions éclairées sur l'endroit où s'établir et poursuivre leurs ambitions dans l'industrie de la crypto-monnaie.

Sécurité des crypto-monnaies : meilleures pratiques et réglementations dans différents pays

Dans cette partie, nous aborderons les meilleures pratiques pour protéger les actifs numériques et nous nous pencherons sur les réglementations en matière de sécurité dans différents pays. La sécurité des crypto-monnaies est une préoccupation majeure pour les travailleurs, les entrepreneurs et les investisseurs de l'industrie, et il est essentiel de connaître les pratiques et les réglementations qui contribuent à la protection des actifs numériques.

Gestion sécurisée des clés privées

La clé privée est l'élément le plus critique de la sécurité des crypto-monnaies. Les détenteurs de crypto-monnaie doivent s'assurer que leurs clés privées sont stockées en toute sécurité, hors ligne si possible, et dans un emplacement connu uniquement d'eux-mêmes. Les portefeuilles matériels, tels que Ledger ou Trezor, offrent une solution de stockage hors ligne sécurisée et sont largement considérés comme une méthode de choix pour stocker des clés privées.

Utilisation de mots de passe forts et uniques

L'utilisation de mots de passe forts et uniques pour les comptes en ligne liés à la gestion des crypto-monnaies est essentielle pour minimiser les risques de piratage. Les mots de passe doivent être longs, complexes et inclure une combinaison de chiffres, de lettres et de caractères spéciaux. L'utilisation d'un gestionnaire de mots de passe est fortement recommandée pour stocker et générer des mots de passe sécurisés.

Protection par authentification à deux facteurs (2FA)

L'authentification à deux facteurs est une couche de sécurité supplémentaire qui demande aux utilisateurs de fournir deux formes d'identification avant d'accéder à un compte. Les travailleurs et les entrepreneurs doivent activer la 2FA sur tous les comptes liés aux crypto-monnaies, tels que les comptes d'échange, les portefeuilles en ligne et les services de gestion des clés privées.

Sensibilisation aux escroqueries et aux attaques de phishing

Les escroqueries et les attaques de phishing sont courantes dans l'industrie de la crypto-monnaie. Les travailleurs et les entrepreneurs doivent être conscients des tactiques utilisées par les cybercriminels et être prudents lorsqu'ils interagissent avec des messages, des sites Web et des applications suspects. Les investisseurs doivent également être vigilants lorsqu'ils choisissent des projets et des plateformes d'investissement en crypto-monnaie pour éviter de tomber dans des escroqueries.

Suivi et respect des réglementations en matière de sécurité

Les réglementations en matière de sécurité des crypto-monnaies varient d'un pays à l'autre. Les travailleurs et les entrepreneurs doivent se familiariser avec les réglementations en vigueur dans le pays où ils choisissent de s'installer et s'assurer qu'ils se conforment à ces exigences. Les réglementations peuvent inclure des exigences en matière de vérification de l'identité (KYC) pour les plateformes d'échange, la déclaration des transactions et des avoirs en crypto-monnaie aux autorités fiscales et l'adhésion aux normes en matière de lutte contre le blanchiment d'argent (AML). Les entreprises et les travailleurs doivent être conscients de ces réglementations pour éviter les sanctions et les problèmes juridiques potentiels.

Mises à jour régulières des logiciels et des systèmes

Il est important de maintenir les logiciels et les systèmes à jour pour garantir un niveau de sécurité optimal. Les cybercriminels exploitent souvent des vulnérabilités dans les logiciels obsolètes pour accéder aux systèmes et aux données des utilisateurs. Les travailleurs et les entrepreneurs doivent s'assurer que les logiciels et les systèmes qu'ils utilisent pour gérer et stocker les crypto-monnaies sont régulièrement mis à jour avec les derniers correctifs de sécurité.

Utilisation de réseaux sécurisés

Les travailleurs et les entrepreneurs doivent s'assurer qu'ils utilisent des réseaux sécurisés lorsqu'ils accèdent à des comptes liés aux crypto-monnaies et effectuent des transactions en ligne. Les réseaux publics non sécurisés peuvent être exploités par des cybercriminels pour intercepter les communications et accéder aux informations sensibles. L'utilisation d'un réseau privé virtuel (VPN) est recommandée pour sécuriser les connexions et protéger les données des utilisateurs.

Sécurité physique des dispositifs de stockage

La sécurité physique des dispositifs de stockage, tels que les portefeuilles matériels et les supports de sauvegarde, est également cruciale pour protéger les actifs numériques. Les travailleurs et les entrepreneurs doivent s'assurer que ces dispositifs sont stockés en toute sécurité, à l'abri des accès non autorisés, des dommages et des catastrophes naturelles.

Plans de récupération en cas de catastrophe

Les travailleurs et les entrepreneurs doivent avoir des plans de récupération en place pour faire face à des situations imprévues, telles que la perte ou le vol de dispositifs de stockage ou de clés privées. Ces plans doivent inclure des instructions pour récupérer les actifs numériques et reprendre les opérations commerciales en cas de catastrophe.

En résumé, cette première partie se concentre sur les meilleures pratiques pour protéger les actifs numériques et les réglementations en matière de sécurité dans différents pays. Les travailleurs et les entrepreneurs de l'industrie de la crypto-monnaie doivent accorder une attention particulière à la sécurité de leurs actifs numériques et se conformer aux réglementations en vigueur dans les pays où ils choisissent de s'établir. En mettant en œuvre les meilleures pratiques en matière de sécurité et en respectant les réglementations locales, les travailleurs et les entrepreneurs peuvent minimiser les risques et protéger leurs investissements dans l'industrie de la crypto-monnaie.

Les meilleures juridictions
pour les entrepreneurs et les investisseurs
en crypto-monnaie

L'environnement réglementaire et fiscal d'un pays peut avoir un impact significatif sur la réussite des entrepreneurs et des investisseurs en crypto-monnaie. Dans cette partie, nous examinerons les avantages et les inconvénients de certaines des juridictions les plus favorables à la crypto-monnaie dans le monde.

Suisse

La Suisse est souvent considérée comme l'un des pays les plus favorables à la crypto-monnaie, en raison de sa réglementation progressive et de son environnement fiscal attrayant. Le canton de Zoug, en particulier, est devenu un centre mondial pour les entreprises de blockchain et de crypto-monnaie, surnommé « Crypto Valley ». La Suisse a adopté une approche pragmatique et axée sur l'innovation en matière de réglementation des crypto-monnaies, offrant une certaine sécurité juridique aux entreprises et aux investisseurs. De plus, le pays offre une fiscalité favorable, avec des taux d'imposition relativement bas et une absence d'impôt sur les gains en capital pour les investisseurs privés.

Singapour

Singapour est une autre juridiction attractive pour les entrepreneurs et les investisseurs en crypto-monnaie. Le pays est connu pour son environnement réglementaire stable, son infrastructure financière bien développée et sa fiscalité favorable. Les autorités de Singapour ont adopté une approche équilibrée en matière de régulation des crypto-monnaies, en mettant l'accent sur la protection des consommateurs et la prévention du blanchiment d'argent. Les gains en capital réalisés sur les investissements en crypto-monnaie ne sont généralement pas imposés à Singapour, ce qui en fait une option attrayante pour les investisseurs.

Malte

Malte est devenue un centre européen pour les entreprises de blockchain et de crypto-monnaie en raison de sa réglementation progressive et de son environnement fiscal favorable. Le pays a adopté un cadre réglementaire dédié pour les entreprises de la blockchain et des crypto-monnaies, offrant une certaine sécurité juridique et un soutien aux innovateurs. Malte offre également des avantages fiscaux pour les entrepreneurs et les investisseurs en crypto-monnaie, avec des taux d'imposition des sociétés relativement bas et des incitations fiscales pour les résidents étrangers.

Estonie

L'Estonie est un autre pays européen qui a adopté une approche favorable à l'égard des crypto-monnaies. Le pays offre un environnement réglementaire favorable aux entreprises de la blockchain et des crypto-monnaies et a mis en place un processus d'enregistrement simplifié pour les entreprises opérant dans ce domaine. L'Estonie a également une fiscalité attractive pour les entrepreneurs, avec un taux d'imposition des sociétés de 20 % et la possibilité de reporter l'imposition jusqu'à ce que les bénéfices soient distribués.

Gibraltar

Gibraltar est une juridiction attrayante pour les entreprises de crypto-monnaie en raison de sa réglementation progressive et de son environnement fiscal favorable. Le pays a mis en place un cadre réglementaire spécifique pour les entreprises de la blockchain et des crypto-monnaies et offre un processus de licence simplifié pour ces entreprises. Gibraltar propose également un taux d'imposition des sociétés attractif de 10 % et n'impose pas de taxe sur les gains en capital pour les investisseurs en crypto-monnaie.

Les îles Caïmans

Les îles Caïmans sont une juridiction offshore populaire pour les entreprises et les investisseurs en crypto-monnaie en raison de leur réglementation favorable et de leur environnement fiscal attrayant. Les îles Caïmans n'ont pas de taxes sur les gains en capital, les dividendes ou les intérêts, ce qui en fait une option attrayante pour les investisseurs en crypto-monnaie. De plus, les îles Caïmans ont une réglementation souple pour les entreprises de la blockchain et des crypto-monnaies, offrant une certaine sécurité juridique et un soutien aux innovateurs.

Île de Man

L'île de Man est une autre juridiction favorable à la crypto-monnaie en raison de sa réglementation progressive et de son environnement fiscal attrayant. Le pays a mis en place un cadre réglementaire spécifique pour les entreprises de la blockchain et des crypto-monnaies et offre un processus de licence simplifié pour ces entreprises. L'île de Man a également une fiscalité attractive pour les entrepreneurs, avec un taux d'imposition des sociétés de 0 % et des incitations fiscales pour les résidents étrangers.

Il est important de noter que chaque juridiction a ses propres avantages et inconvénients, et il est essentiel de tenir compte des facteurs tels que la stabilité politique, l'infrastructure, la qualité de vie et les coûts de la vie lors de la prise de décisions sur l'endroit où établir une entreprise ou investir dans la crypto-monnaie. Il est également crucial de se tenir informé des développements réglementaires et fiscaux, car ceux-ci peuvent changer rapidement et avoir un impact significatif sur les entreprises et les investissements en crypto-monnaie.

Dans cette partie, nous avons exploré certaines des juridictions les plus favorables à la crypto-monnaie pour les entrepreneurs et les investisseurs. Les avantages de ces juridictions comprennent des réglementations progressives, des environnements fiscaux attractifs et un soutien aux innovateurs. Toutefois, il est essentiel de peser soigneusement les avantages et les inconvénients de chaque juridiction et de prendre en compte les facteurs tels que la stabilité politique, l'infrastructure et la qualité de vie lors de la prise de décisions sur l'endroit où établir une entreprise ou investir dans la crypto-monnaie.

Le rôle des régulateurs et des gouvernements dans l'adoption de la crypto-monnaie

Dans un monde où la crypto-monnaie gagne en popularité et en adoption, il est crucial de comprendre le rôle que jouent les régulateurs et les gouvernements dans la promotion et la régulation de cette nouvelle forme d'actifs numériques. Dans cette partie, nous allons examiner comment les décisions politiques et réglementaires influencent l'adoption de la crypto-monnaie et comment les gouvernements et les régulateurs peuvent agir pour encourager un environnement favorable à la croissance et à l'innovation dans le domaine de la crypto-monnaie.

Les régulateurs et la sécurité des investisseurs

L'un des principaux défis pour les régulateurs et les gouvernements dans le domaine de la crypto-monnaie est d'assurer la sécurité des investisseurs et des consommateurs tout en favorisant l'innovation et la croissance. La volatilité des prix des crypto-monnaies et les risques associés à l'investissement dans des actifs numériques non réglementés soulèvent des préoccupations quant à la protection des investisseurs et des consommateurs. Les régulateurs ont donc pour mission de trouver un équilibre entre la protection des investisseurs et la promotion d'un environnement propice à l'innovation et à la croissance.

La lutte contre le blanchiment d'argent (AML) et le financement du terrorisme (CFT)

Les régulateurs et les gouvernements ont également pour responsabilité de lutter contre le blanchiment d'argent et le financement du terrorisme dans le domaine de la crypto-monnaie. La nature pseudonyme des transactions en crypto-monnaie peut faciliter les activités illégales, et il est essentiel pour les régulateurs de mettre en place des mesures de contrôle pour minimiser ces risques. Les régulateurs peuvent exiger que les plateformes d'échange de crypto-monnaies mettent en œuvre des procédures strictes de vérification de l'identité des clients (KYC) et de surveillance des transactions pour prévenir et détecter les activités suspectes.

La régulation des offres initiales de pièces (ICO) et des offres initiales d'échange (IEO)

Les offres initiales de pièces (ICO) et les offres initiales d'échange (IEO) sont des méthodes de levée de fonds utilisées par les entreprises de la blockchain et des crypto-monnaies pour collecter des fonds pour le développement de leurs projets. Les régulateurs ont un rôle important à jouer dans la régulation de ces offres pour protéger les investisseurs et minimiser les risques associés à ces types de levées de fonds. Les régulateurs peuvent exiger que les entreprises qui lancent des ICO ou des IEO divulguent des informations détaillées sur leur projet, leur équipe et leurs plans d'utilisation des fonds collectés, et se conforment aux réglementations en matière de valeurs mobilières.

La régulation des stablecoins

Les stablecoins sont des crypto-monnaies dont la valeur est généralement liée à un actif sous-jacent, comme une monnaie fiduciaire ou un panier d'actifs. Les stablecoins sont de plus en plus utilisés dans l'écosystème des crypto-monnaies en raison de leur stabilité relative par rapport aux autres crypto-monnaies plus volatiles. Les régulateurs ont donc un rôle à jouer dans la supervision et la régulation des stablecoins pour garantir la transparence, la stabilité et la sécurité pour les utilisateurs. Ils peuvent exiger que les émetteurs de stablecoins démontrent la solvabilité et la liquidité suffisantes pour soutenir la valeur de leur monnaie, ainsi que la mise en place de contrôles et de mécanismes de surveillance pour prévenir la manipulation des prix et les risques systémiques.

La coopération internationale

La nature décentralisée et mondiale des crypto-monnaies rend la régulation à l'échelle nationale difficile et insuffisante. Les régulateurs et les gouvernements doivent donc travailler ensemble au niveau international pour élaborer des normes et des réglementations communes pour l'industrie de la crypto-monnaie. Cette coopération peut inclure le partage d'informations, l'harmonisation des réglementations et la collaboration pour lutter contre les activités illégales et les menaces pour la sécurité financière.

En conclusion, les régulateurs et les gouvernements jouent un rôle essentiel dans l'adoption de la crypto-monnaie en veillant à ce que les innovations et la croissance dans ce domaine se fassent de manière sécurisée et responsable. En établissant des réglementations claires et cohérentes, en luttant contre les activités illégales et en favorisant la coopération internationale, ils peuvent contribuer à créer un environnement favorable à l'adoption généralisée des crypto-monnaies. Dans cette optique, il est crucial que les acteurs du secteur de la crypto-monnaie et les autorités travaillent ensemble pour trouver un équilibre entre innovation et sécurité afin de garantir un avenir prospère pour l'industrie de la crypto-monnaie.

Les avantages et les défis de l'adoption de la crypto-monnaie pour les gouvernements et les économies nationales

L'adoption croissante de la crypto-monnaie dans le monde entier présente à la fois des avantages et des défis pour les gouvernements et les économies nationales. Dans cette partie, nous examinerons les impacts potentiels de la crypto-monnaie sur les gouvernements et les économies, en mettant l'accent sur les opportunités et les défis qui se présentent.

Les avantages de l'adoption de la crypto-monnaie :

- L'innovation et la croissance économique : L'adoption de la crypto-monnaie peut stimuler l'innovation et la croissance économique en encourageant le développement de nouvelles technologies et d'entreprises liées à la blockchain et aux actifs numériques. Les gouvernements qui adoptent une réglementation favorable à la crypto-monnaie peuvent attirer des investissements et des talents dans ce domaine, créant ainsi des emplois et contribuant à la prospérité économique.

- L'inclusion financière : La crypto-monnaie a le potentiel d'améliorer l'inclusion financière en offrant des services financiers accessibles et abordables aux personnes non bancarisées ou sous-bancarisées. Les transactions en crypto-monnaie peuvent être effectuées sans intermédiaire, ce qui réduit les coûts et les barrières à l'accès aux services financiers pour les populations défavorisées.

- La réduction de la dépendance à l'égard des monnaies fiduciaires : L'adoption de la crypto-monnaie peut aider à réduire la dépendance des gouvernements et des économies nationales à l'égard des monnaies fiduciaires, en particulier pour les pays confrontés à l'inflation, à la dévaluation ou à la volatilité des taux de change. Les crypto-monnaies offrent une alternative aux monnaies traditionnelles et peuvent agir comme un mécanisme de réserve de valeur et de transfert de fonds.

Les défis de l'adoption de la crypto-monnaie :

- La régulation et la supervision : L'un des principaux défis pour les gouvernements et les régulateurs est de mettre en place des réglementations et des mécanismes de supervision appropriés pour l'industrie de la crypto-monnaie. Cela implique de trouver un équilibre entre la protection des consommateurs et des investisseurs, la lutte contre les activités illégales et la promotion de l'innovation et de la croissance économique.

- La volatilité des prix et les risques financiers : La volatilité des prix des crypto-monnaies et les risques associés à l'investissement dans des actifs numériques non réglementés peuvent poser des défis pour les gouvernements et les économies nationales. Les fluctuations rapides et imprévisibles de la valeur des crypto-monnaies peuvent entraîner des pertes importantes pour les investisseurs et les détenteurs de ces actifs, et peuvent également avoir un impact sur la stabilité financière des économies nationales.

- Les implications fiscales : L'adoption généralisée de la crypto-monnaie présente également des défis pour les gouvernements en ce qui concerne la fiscalité. Les transactions en crypto-monnaie peuvent être plus difficiles à surveiller et à taxer en raison de leur nature décentralisée et anonyme. Les gouvernements doivent élaborer des réglementations fiscales adaptées pour assurer que les revenus provenant des transactions en crypto-monnaie soient correctement déclarés et imposés, tout en évitant de freiner l'innovation et la croissance du secteur.

- La sécurité et la lutte contre la criminalité : Les gouvernements doivent également faire face à des préoccupations en matière de sécurité et de criminalité liées à l'utilisation de la crypto-monnaie. Les actifs numériques peuvent être utilisés pour financer des activités illégales, telles que le blanchiment d'argent, le financement du terrorisme et la fraude. Les gouvernements doivent mettre en place des mécanismes de surveillance et de régulation pour lutter contre ces activités tout en respectant les libertés individuelles et la confidentialité des transactions.

En conclusion, l'adoption de la crypto-monnaie offre des avantages et des défis significatifs pour les gouvernements et les économies nationales. Les gouvernements qui cherchent à tirer parti des opportunités offertes par la crypto-monnaie doivent s'attaquer aux défis en mettant en place des réglementations appropriées, en favorisant l'innovation et en protégeant les consommateurs et les investisseurs. En adoptant une approche équilibrée et réfléchie, les gouvernements peuvent aider à créer un environnement propice au développement de l'industrie de la crypto-monnaie et à la réalisation de son potentiel en matière de croissance économique, d'inclusion financière et de transformation des systèmes financiers.

Sécurité et conformité : La navigation sécurisée dans le monde de la crypto-monnaies

Sécurité des crypto-monnaies et conformité aux réglementations dans différents pays

La sécurité des crypto-monnaies et la conformité aux réglementations sont des aspects cruciaux pour les travailleurs et les entrepreneurs de l'industrie de la crypto-monnaie. Dans cette partie, nous aborderons les meilleures pratiques pour protéger les actifs numériques et nous conformer aux réglementations en matière de sécurité dans différents pays. Nous explorerons également les défis auxquels les travailleurs et les entrepreneurs peuvent être confrontés lorsqu'ils naviguent dans le paysage réglementaire complexe et en constante évolution de l'industrie des crypto-monnaies.

Sécurité des actifs numériques

La protection des actifs numériques est essentielle pour minimiser les risques de vol, de piratage et de perte de fonds. Les meilleures pratiques en matière de sécurité des actifs numériques comprennent l'utilisation de portefeuilles matériels, la mise en place de procédures de sauvegarde robustes, l'utilisation de mots de passe forts et uniques, ainsi que la mise en œuvre de l'authentification à deux facteurs. Il est également important de se tenir informé des dernières menaces de sécurité et de mettre régulièrement à jour les logiciels et les protocoles de sécurité pour garantir une protection optimale.

Conformité aux réglementations en matière de sécurité

Les travailleurs et les entrepreneurs de l'industrie de la crypto-monnaie doivent se conformer aux réglementations en matière de sécurité dans les pays où ils opèrent. Cela peut inclure des exigences en matière de vérification de l'identité des clients (KYC), de lutte contre le blanchiment d'argent (AML) et de déclaration des transactions suspectes. La conformité aux réglementations en vigueur peut aider à éviter des sanctions financières et juridiques, ainsi qu'à renforcer la confiance des clients et des partenaires commerciaux.

Évaluation des réglementations nationales et internationales

Comprendre les réglementations nationales et internationales applicables aux crypto-monnaies est crucial pour les travailleurs et les entrepreneurs qui souhaitent s'établir dans différents pays. Les réglementations peuvent varier considérablement d'un pays à l'autre, et il est important de se tenir informé des dernières mises à jour et des changements législatifs qui pourraient affecter les activités liées aux crypto-monnaies.

Coopération avec les autorités réglementaires

La coopération avec les autorités réglementaires est essentielle pour garantir la conformité aux réglementations en vigueur et pour résoudre les problèmes éventuels. Les travailleurs et les entrepreneurs doivent être prêts à fournir des informations et des documents requis par les autorités réglementaires et à mettre en œuvre les recommandations et les directives émises par ces autorités pour assurer la sécurité et la conformité de leurs activités liées aux crypto-monnaies.

Formation et sensibilisation du personnel

La formation et la sensibilisation du personnel aux meilleures pratiques en matière de sécurité des actifs numériques et de conformité aux réglementations sont essentielles pour minimiser les risques et garantir la sécurité des activités liées aux crypto-monnaies. Les travailleurs et les entrepreneurs doivent veiller à ce que leurs employés et partenaires soient régulièrement formés et informés des dernières réglementations, des menaces à la sécurité et des méthodes pour protéger les actifs numériques.

Évaluation des risques et mise en place de mesures de sécurité appropriées

La réalisation d'évaluations régulières des risques liés à la sécurité des actifs numériques et à la conformité aux réglementations est essentielle pour identifier les vulnérabilités potentielles et mettre en place des mesures de sécurité appropriées. Les travailleurs et les entrepreneurs doivent évaluer les risques de manière proactive et adapter leurs protocoles de sécurité et leurs procédures de conformité en conséquence.

Recherche d'assistance juridique et de conseil

Dans certains cas, il peut être bénéfique de consulter des avocats et des conseillers spécialisés en crypto-monnaies pour obtenir des conseils sur les réglementations en vigueur et les meilleures pratiques en matière de sécurité. Ces experts peuvent aider à naviguer dans le paysage réglementaire complexe et à garantir que les activités liées aux crypto-monnaies sont conformes aux lois et réglementations applicables.

Implications fiscales

Les travailleurs et les entrepreneurs de l'industrie de la crypto-monnaie doivent également tenir compte des implications fiscales de leurs activités dans différents pays. La manière dont les gains en crypto-monnaies sont imposés peut varier d'un pays à l'autre, et il est important de comprendre les obligations fiscales associées à la détention, au commerce et à l'utilisation de crypto-monnaies.

En résumé, cette partie examine les défis et les meilleures pratiques en matière de sécurité des crypto-monnaies et de conformité aux réglementations dans différents pays. En tenant compte de ces facteurs et en mettant en œuvre des stratégies de sécurité et de conformité solides, les travailleurs et les entrepreneurs de l'industrie de la crypto-monnaie peuvent protéger leurs actifs numériques et opérer en toute légalité, quel que soit le pays dans lequel ils choisissent de s'établir.

Juridictions favorables aux crypto-monnaies : Les paradis fiscaux les plus attrayants et leurs caractéristiques uniques

Dans la partie nous explorerons certaines des juridictions les plus attrayantes pour les activités liées à la crypto-monnaie, en mettant l'accent sur leurs avantages fiscaux et réglementaires uniques.

Suisse

La Suisse est souvent considérée comme l'un des paradis fiscaux les plus favorables aux crypto-monnaies. Avec une réglementation bien définie et un environnement financier stable, la Suisse a réussi à attirer un grand nombre d'entreprises et d'investisseurs dans le domaine de la blockchain et des crypto-monnaies. Le canton suisse de Zoug, en particulier, est surnommé « Crypto Valley » en raison de la concentration élevée d'entreprises liées à la crypto-monnaie et de la blockchain qui s'y sont implantées. Les faibles taux d'imposition des sociétés et des individus, ainsi que la protection solide des investisseurs et des droits de propriété intellectuelle, font de la Suisse une option attrayante pour les entrepreneurs et les investisseurs dans le secteur des crypto-monnaies.

Singapour

Singapour est un autre pays qui a adopté une approche favorable à l'égard des crypto-monnaies. Le pays est réputé pour son environnement d'affaires compétitif, ses infrastructures de pointe et sa main-d'œuvre hautement qualifiée. Singapour a mis en place des réglementations claires concernant les crypto-monnaies, ce qui a contribué à renforcer la confiance des investisseurs et des entrepreneurs. De plus, Singapour offre des avantages fiscaux significatifs, notamment des taux d'imposition sur les sociétés et les plus-values relativement bas, ainsi que l'exemption de la taxe sur les ventes pour les transactions en crypto-monnaies.

Malte

Malte, surnommée « Blockchain Island », est une juridiction de premier plan pour les entreprises et les investisseurs dans le domaine des crypto-monnaies. Le pays a adopté une réglementation complète et favorable à la blockchain, qui a attiré de nombreuses entreprises liées à la crypto-monnaie. Malte offre également des avantages fiscaux attrayants pour les entreprises et les investisseurs, avec des taux d'imposition sur les sociétés compétitives et des incitations pour les entreprises innovantes dans le secteur de la technologie. La qualité de vie élevée et le climat ensoleillé font également de Malte une option attrayante pour les entrepreneurs et les investisseurs souhaitant s'installer dans le pays.

Estonie

L'Estonie est un autre pays qui a adopté une approche favorable à l'égard des crypto-monnaies et de la blockchain. Le pays a été parmi les premiers à mettre en place une réglementation claire pour les entreprises liées à la crypto-monnaie, offrant ainsi un environnement sûr et stable pour les entrepreneurs et les investisseurs. L'Estonie offre également des avantages fiscaux, notamment un taux d'imposition sur les sociétés de 20 % et l'exemption de la taxe sur les plus-values pour les résidents étrangers.

Gibraltar

Gibraltar est une juridiction attrayante pour les entreprises liées à la crypto-monnaie en raison de sa réglementation favorable et de ses avantages fiscaux. Le pays a été l'un des premiers à adopter une réglementation spécifique aux crypto-monnaies et aux entreprises de blockchain, offrant un environnement stable et sûr pour les investisseurs et les entrepreneurs. Gibraltar offre également des avantages fiscaux, notamment un taux d'imposition sur les sociétés de 10 % et l'exemption de la taxe sur les plus-values pour les résidents étrangers. De plus, Gibraltar a une solide réputation internationale en matière de réglementation financière, ce qui renforce la confiance des investisseurs et facilite la coopération avec d'autres juridictions.

Luxembourg

Luxembourg est un autre pays favorable aux crypto-monnaies, offrant un environnement réglementaire clair et des avantages fiscaux attrayants. Le pays a adopté une approche proactive en matière de réglementation des crypto-monnaies, ce qui a aidé à créer un environnement d'affaires stable et accueillant pour les entrepreneurs et les investisseurs dans le secteur. Luxembourg offre également des avantages fiscaux, notamment un taux d'imposition sur les sociétés compétitives et des incitations fiscales pour les entreprises innovantes. La qualité de vie élevée, les infrastructures de pointe et la main-d'œuvre hautement qualifiée font également de Luxembourg une option attrayante pour les entreprises liées à la crypto-monnaie.

Les îles Caïmans

Les îles Caïmans sont une juridiction offshore populaire pour les entreprises liées à la crypto-monnaie en raison de leur réglementation souple et de leurs avantages fiscaux. Le pays n'a pas de réglementation spécifique aux crypto-monnaies, mais offre un environnement d'affaires accueillant pour les entreprises innovantes. Les îles Caïmans offrent des avantages fiscaux significatifs, notamment l'absence d'impôt sur les sociétés, les plus-values et les dividendes pour les résidents étrangers. Cependant, il est important de noter que les îles Caïmans sont soumises à une pression internationale croissante pour renforcer leur réglementation financière, ce qui pourrait affecter leur attractivité pour les entreprises liées à la crypto-monnaie à l'avenir.

Panama

Le Panama est une autre juridiction offshore attrayante pour les entreprises et les investisseurs dans le domaine des crypto-monnaies. Le pays offre un environnement réglementaire souple, avec peu de restrictions spécifiques aux crypto-monnaies. Le Panama offre également des avantages fiscaux, notamment l'exonération de l'impôt sur les sociétés et les plus-values pour résidents étrangers. Toutefois, il est essentiel de tenir compte des risques potentiels liés à l'évolution des réglementations internationales et à la réputation du pays en matière de lutte contre le blanchiment d'argent et le financement du terrorisme.

En conclusion, cette partie explore plusieurs juridictions attrayantes pour les activités liées à la crypto-monnaie, en mettant l'accent sur leurs avantages fiscaux et réglementaires uniques. Il est important pour les entrepreneurs et les investisseurs de considérer attentivement ces différentes juridictions avant de s'installer ou de créer une entreprise liée à la crypto-monnaie. Chaque pays offre ses propres avantages et inconvénients, et il est crucial d'évaluer les besoins spécifiques de votre entreprise et de tenir compte des évolutions réglementaires potentielles à l'avenir.

En outre, il est essentiel de se tenir informé des développements dans le domaine des crypto-monnaies et de la réglementation financière internationale. Les juridictions qui sont actuellement favorables aux crypto-monnaies pourraient adopter des réglementations plus strictes à l'avenir, ce qui pourrait affecter la viabilité de votre entreprise. De même, de nouvelles juridictions pourraient émerger en tant que destinations attrayantes pour les entreprises et les investisseurs liés à la crypto-monnaie.

En fin de compte, il est crucial de faire preuve de diligence raisonnable et de consulter des experts en matière de fiscalité, de réglementation et d'immigration avant de prendre une décision concernant l'établissement ou l'investissement dans une entreprise liée à la crypto-monnaie. Dans les parties suivantes, nous continuerons à explorer d'autres aspects importants de l'écosystème des crypto-monnaies et à fournir des conseils pratiques pour réussir dans ce domaine en constante évolution.

Comprendre les régimes fiscaux des pays favorables aux crypto-monnaies : Avantages, inconvénients et implications

Dans cette partie, nous examinerons de plus près les régimes fiscaux des pays favorables aux crypto-monnaies abordés dans la partie précédente et discuterons des avantages, des inconvénients et des implications pour les entrepreneurs et les investisseurs dans le secteur.

Suisse

Le régime fiscal suisse est caractérisé par des taux d'imposition relativement bas pour les entreprises et les individus. Les entreprises liées à la crypto-monnaie peuvent bénéficier d'un traitement fiscal favorable, notamment des taux d'imposition sur les sociétés qui varient généralement entre 12 et 24 %, selon le canton. Les plus-values sur les crypto-monnaies détenues à titre privé ne sont généralement pas imposées, ce qui peut être un avantage pour les investisseurs. Cependant, les résidents suisses doivent déclarer leurs actifs en crypto-monnaies à des fins fiscales, ce qui peut entraîner une imposition sur la fortune.

Singapour

Singapour offre un environnement fiscal attrayant pour les entreprises et les investisseurs liés à la crypto-monnaie. Le taux d'imposition sur les sociétés est plafonné à 17 %, et les plus-values réalisées sur les crypto-monnaies ne sont généralement pas imposables, sauf si elles sont considérées comme un revenu commercial. Les transactions en crypto-monnaies sont exemptées de la taxe sur les ventes, ce qui peut être un avantage pour les entreprises qui acceptent les paiements en crypto-monnaies. Toutefois, il est important de noter que Singapour a des règles strictes en matière de lutte contre le blanchiment d'argent et de financement du terrorisme, ce qui peut entraîner des exigences de conformité plus élevées pour les entreprises liées à la crypto-monnaie.

Malte

Malte offre un régime fiscal favorable aux entreprises et aux investisseurs dans le domaine des crypto-monnaies. Le taux d'imposition sur les sociétés est de 35 %, mais les entreprises étrangères peuvent bénéficier d'un remboursement d'impôt pouvant réduire leur taux d'imposition effectif à 5 %. Les plus-values sur les crypto-monnaies ne sont pas imposables si elles sont détenues à titre privé et ne sont pas considérées comme un revenu commercial. Cependant, Malte est confrontée à une pression internationale croissante pour renforcer sa réglementation financière, ce qui pourrait affecter son attractivité pour les entreprises liées à la crypto-monnaie à l'avenir.

Estonie

L'Estonie offre un environnement fiscal compétitif pour les entreprises liées à la crypto-monnaie, avec un taux d'imposition sur les sociétés de 20 %. Les plus-values sur les crypto-monnaies ne sont pas imposables pour les résidents étrangers, ce qui peut être un avantage pour les investisseurs non-résidents. Cependant, les résidents estoniens doivent déclarer leurs actifs en crypto-monnaies à des fins fiscales, ce qui peut entraîner une imposition sur les gains en capital ou les revenus.

Gibraltar

Gibraltar offre un régime fiscal avantageux pour les entreprises liées à la crypto-monnaie, avec un taux d'imposition sur les sociétés de seulement 10 %. Les résidents étrangers sont exemptés de l'impôt sur les plus-values, ce qui peut être attrayant pour les investisseurs internationaux. Cependant, les résidents de Gibraltar doivent déclarer leurs actifs en crypto-monnaies à des fins fiscales, et il est important de tenir compte des exigences en matière de conformité et de réglementation financière.

Luxembourg

Le Luxembourg offre un régime fiscal compétitif pour les entreprises liées à la crypto-monnaie, avec un taux d'imposition sur les sociétés pouvant aller jusqu'à 24,94 %. Les plus-values sur les crypto-monnaies détenues à titre privé ne sont pas imposables après une période de détention de six mois, ce qui peut être un avantage pour les investisseurs. Toutefois, les transactions en crypto-monnaies peuvent être soumises à la taxe sur la valeur ajoutée (TVA), ce qui peut avoir des implications pour les entreprises qui acceptent les paiements en crypto-monnaies.

Îles Caïmans

Les îles Caïmans offrent un régime fiscal très favorable pour les entreprises et les investisseurs liés à la crypto-monnaie, avec l'absence d'impôt sur les sociétés, les plus-values et les dividendes pour les résidents étrangers. Cependant, il est important de noter que les îles Caïmans sont soumises à une pression internationale croissante pour renforcer leur réglementation financière, ce qui pourrait affecter leur attractivité pour les entreprises liées à la crypto-monnaie à l'avenir.

Panama

Le Panama offre un environnement fiscal avantageux pour les entreprises et les investisseurs dans le secteur des crypto-monnaies, avec l'exonération de l'impôt sur les sociétés et les plus-values pour les résidents étrangers. Toutefois, il est essentiel de tenir compte des risques potentiels liés à l'évolution des réglementations internationales et à la réputation du pays en matière de lutte contre le blanchiment d'argent et le financement du terrorisme.

En conclusion, cette partie examine les régimes fiscaux des pays favorables aux crypto-monnaies et leurs implications pour les entrepreneurs et les investisseurs. Chaque pays présente des avantages et des inconvénients fiscaux uniques qui doivent être soigneusement évalués en fonction des besoins spécifiques de votre entreprise ou de votre portefeuille d'investissement. Il est crucial de consulter des experts en fiscalité et de se tenir informé des développements dans le domaine de la fiscalité des crypto-monnaies pour maximiser les avantages et minimiser les risques.

Les gardiens des cryptes : Sécurité des crypto-monnaies

Les défis de la sécurité numérique : Enjeux et menaces pour les actifs numériques

Les actifs numériques, tels que les crypto-monnaies, ont révolutionné la manière dont nous percevons et utilisons l'argent. Cependant, cette innovation s'accompagne de défis en matière de sécurité numérique. Les enjeux et les menaces pour les actifs numériques sont multiples, et il est crucial de les comprendre pour protéger efficacement ces actifs et les infrastructures qui les soutiennent.

Les attaques informatiques

Les actifs numériques sont vulnérables aux attaques informatiques en raison de leur nature décentralisée et de l'utilisation de technologies numériques pour stocker et transférer de la valeur. Les pirates informatiques utilisent diverses techniques pour accéder aux actifs numériques, notamment les attaques par force brute, les attaques par hameçonnage (phishing) et l'exploitation de vulnérabilités logicielles. Les plateformes d'échange de crypto-monnaies, les portefeuilles numériques et les smart contracts sont des cibles courantes pour les cybercriminels.

Le vol d'identité

Le vol d'identité est un problème croissant dans le monde des actifs numériques. Les cybercriminels peuvent utiliser des informations personnelles volées pour accéder aux comptes de leurs victimes et détourner leurs actifs numériques. Les données sensibles, telles que les clés privées et les mots de passe, doivent être protégées avec soin pour éviter le vol d'identité.

Les problèmes de régulation et de conformité

La régulation des actifs numériques varie d'un pays à l'autre, et les entreprises du secteur doivent se conformer aux exigences légales et réglementaires de chaque juridiction dans laquelle elles opèrent. Les défis en matière de conformité incluent le respect des règles de lutte contre le blanchiment d'argent (AML) et de connaissance du client (KYC), ainsi que la coopération avec les autorités fiscales et les régulateurs financiers.

Les menaces internes

Les menaces internes proviennent de personnes qui ont un accès légitime aux systèmes et aux informations d'une organisation. Les employés mécontents, les partenaires commerciaux ou les contractants peuvent exploiter leurs privilèges d'accès pour détourner des actifs numériques ou compromettre la sécurité des systèmes. Les organisations doivent mettre en place des politiques de sécurité strictes et surveiller l'accès aux informations sensibles pour minimiser les risques liés aux menaces internes.

La perte de clés privées

Les clés privées sont essentielles pour accéder et gérer les actifs numériques. La perte d'une clé privée peut entraîner la perte définitive des actifs associés. Les utilisateurs doivent donc stocker leurs clés privées en toute sécurité et disposer de procédures de récupération en cas de perte.

Les problèmes de scalabilité et de performance

La croissance rapide de l'adoption des actifs numériques a entraîné des problèmes de scalabilité et de performance pour les réseaux sous-jacents tels que Bitcoin et Ethereum. Les problèmes de scalabilité peuvent entraîner des retards dans les transactions et une augmentation des frais, ce qui nuit à l'expérience utilisateur et à l'adoption généralisée des actifs numériques. Les développeurs et les organisations travaillent sur des solutions pour améliorer la scalabilité et la performance des réseaux de blockchain, telles que le développement de protocoles de couche 2, l'adoption de la preuve d'enjeu (Proof of Stake) et la création de blockchains parallèles.

Les vulnérabilités des smart contracts

Les smart contracts sont des programmes autonomes qui s'exécutent sur la blockchain et permettent des transactions automatisées et sécurisées. Cependant, ils sont également susceptibles de contenir des vulnérabilités qui peuvent être exploitées par des pirates pour détourner des fonds ou compromettre la sécurité des utilisateurs. Les développeurs de smart contracts doivent être conscients de ces vulnérabilités potentielles et mettre en place des processus de vérification et de validation rigoureux pour garantir la sécurité des contrats intelligents.

La centralisation et le contrôle gouvernemental

Bien que les actifs numériques soient conçus pour être décentralisés et indépendants des gouvernements et des institutions financières traditionnelles, la centralisation et le contrôle gouvernemental restent des préoccupations. Les gouvernements peuvent chercher à réguler ou à contrôler les actifs numériques en imposant des restrictions sur les échanges, les transactions et les activités liées à la crypto-monnaie. Les acteurs du secteur doivent être conscients de ces risques et s'efforcer de maintenir un équilibre entre la conformité réglementaire et la préservation de la décentralisation et de l'indépendance des actifs numériques.

La volatilité des prix

La volatilité des prix des actifs numériques est une préoccupation majeure pour les investisseurs et les utilisateurs. Les fluctuations rapides et imprévisibles des prix peuvent entraîner des pertes importantes et décourager l'utilisation des actifs numériques comme moyen de paiement stable. Les acteurs du secteur doivent travailler sur des solutions pour réduire la volatilité des prix, telles que le développement de stablecoins et l'adoption de mécanismes de gouvernance décentralisés.

L'éducation et la sensibilisation

L'éducation et la sensibilisation sont essentielles pour aider les utilisateurs et les investisseurs à naviguer dans le monde complexe des actifs numériques. Les organisations et les particuliers doivent investir dans l'éducation pour comprendre les risques, les avantages et les meilleures pratiques associées à l'utilisation et à la gestion des actifs numériques.

Les défis de la sécurité numérique dans le monde des actifs numériques sont nombreux et variés. Les acteurs du secteur doivent travailler ensemble pour résoudre ces problèmes et créer un environnement sûr et fiable pour les investisseurs, les entreprises et les utilisateurs de crypto-monnaies. La compréhension des menaces et l'adoption de pratiques de sécurité appropriées sont essentielles pour protéger les actifs numériques et favoriser l'adoption généralisée de la technologie de la blockchain et des crypto-monnaies.

Pour y parvenir, il est crucial que les acteurs du secteur collaborent avec les régulateurs, les gouvernements et les organisations de cybersécurité pour établir des normes de sécurité et de conformité. Les entreprises et les individus doivent également assumer la responsabilité de la protection de leurs actifs numériques en adoptant des pratiques de sécurité rigoureuses et en investissant dans l'éducation et la sensibilisation.

Enfin, le secteur doit continuer à innover et à développer de nouvelles technologies et solutions pour relever les défis de la sécurité numérique. Les progrès réalisés dans des domaines tels que la scalabilité des réseaux de blockchain, la sécurité des smart contracts et la réduction de la volatilité des prix contribueront à renforcer la confiance dans les actifs numériques et à promouvoir leur adoption à plus grande échelle.

En résumé, la sécurité numérique est un enjeu majeur pour les actifs numériques, et il est essentiel de comprendre et de relever les défis qui en découlent pour assurer la protection et la pérennité de ces actifs. En travaillant ensemble et en adoptant des pratiques de sécurité solides, les acteurs du secteur peuvent créer un environnement sûr et propice à la croissance et à l'adoption des actifs numériques dans le monde entier.

Les sentinelles de l'océan : Meilleures pratiques pour protéger les actifs numériques

Dans le monde des actifs numériques, la sécurité est d'une importance capitale. Les investisseurs, les entreprises et les particuliers doivent être conscients des risques liés à la détention de crypto-monnaies et de tokens, et mettre en place des mesures appropriées pour protéger leurs actifs. Cette partie examine les meilleures pratiques pour protéger les actifs numériques et les étapes à suivre pour assurer une sécurité optimale.

Éducation et sensibilisation

L'une des premières étapes pour protéger les actifs numériques consiste à s'informer et à se tenir au courant des dernières menaces et vulnérabilités. Les utilisateurs doivent comprendre les mécanismes de base de la blockchain et des crypto-monnaies, ainsi que les risques potentiels associés à la détention et à l'échange de ces actifs. En outre, il est essentiel de suivre l'évolution des réglementations et des normes de sécurité en vigueur dans le secteur.

Utilisation de portefeuilles sécurisés

Les portefeuilles numériques sont essentiels pour stocker et gérer les actifs numériques. Il existe plusieurs types de portefeuilles, notamment les portefeuilles en ligne (hot wallets) et hors ligne (cold wallets). Les hot wallets sont connectés à Internet et offrent un accès rapide aux actifs, mais sont plus vulnérables aux attaques en ligne. Les cold wallets sont des solutions de stockage hors ligne, comme les portefeuilles matériels et les portefeuilles papier, qui offrent une sécurité renforcée contre les attaques en ligne, mais un accès moins pratique aux actifs.

Il est recommandé d'utiliser un mélange de portefeuilles chauds et froids pour stocker les actifs numériques. Les actifs de faible valeur ou régulièrement utilisés peuvent être conservés dans des portefeuilles chauds, tandis que les actifs de plus grande valeur ou moins fréquemment utilisés doivent être stockés dans des portefeuilles froids.

Protection des clés privées

Les clés privées sont essentielles pour accéder et gérer les actifs numériques. Il est crucial de protéger les clés privées et de ne jamais les partager avec des tiers. Les clés privées doivent être stockées de manière sécurisée, de préférence dans des dispositifs de stockage hors ligne ou des solutions d'entreposage à froid. En outre, il est recommandé de créer des sauvegardes des clés privées et de les stocker dans des endroits sûrs et séparés.

Sécurité des comptes et des transactions

Les comptes sur les plateformes d'échange et les services liés à la crypto-monnaie doivent être sécurisés avec des mots de passe forts et uniques. Il est également important d'utiliser l'authentification à deux facteurs (2FA) pour renforcer la sécurité des comptes. Lors de la réalisation de transactions, il est essentiel de vérifier attentivement les adresses de destination et de s'assurer qu'elles sont correctes.

Mises à jour et maintenance régulières

Il est important de maintenir à jour les logiciels et les systèmes utilisés pour gérer les actifs numériques. Les mises à jour de sécurité sont souvent publiées pour corriger les vulnérabilités et protéger contre les nouvelles menaces. Les utilisateurs doivent s'assurer de mettre à jour régulièrement leurs portefeuilles, leurs systèmes d'exploitation et leurs applications pour maintenir un niveau de sécurité élevé.

Utilisation de réseaux privés et sécurisés

Lors de la gestion d'actifs numériques en ligne, il est essentiel d'utiliser des réseaux privés et sécurisés. Les connexions publiques et non sécurisées, telles que les réseaux Wi-Fi ouverts, peuvent exposer les utilisateurs à des risques de vol de données et d'attaques de type « man-in-the-middle ». L'utilisation d'un réseau privé virtuel (VPN) est une solution efficace pour garantir la confidentialité et la sécurité des données lors de la gestion d'actifs numériques en ligne.

Vérification des sources d'information

Dans le monde des crypto-monnaies, de nombreuses informations circulent, notamment sur les réseaux sociaux, les forums et les sites Web. Il est important de vérifier les sources d'information et de ne pas agir sur la base de rumeurs ou de fausses informations. Les investisseurs et les utilisateurs de crypto-monnaies doivent être prudents et se renseigner auprès de sources fiables et vérifiées avant de prendre des décisions concernant leurs actifs numériques.

Prudence avec les offres et les promotions

Le secteur de la crypto-monnaie est souvent sujet à des offres et des promotions alléchantes qui promettent des rendements élevés et des récompenses importantes. Toutefois, de nombreuses offres peuvent être frauduleuses ou trop belles pour être vraies. Les utilisateurs doivent être prudents lorsqu'ils évaluent de telles offres et s'assurer qu'ils comprennent les risques associés avant de s'engager.

Soutien et collaboration avec la communauté

La communauté de la crypto-monnaie est un atout précieux pour les utilisateurs et les investisseurs. Les forums, les groupes et les réseaux sociaux dédiés aux crypto-monnaies offrent un soutien et des conseils précieux pour naviguer dans le monde complexe des actifs numériques. En collaborant avec la communauté, les utilisateurs peuvent partager leurs expériences, apprendre de leurs pairs et renforcer la sécurité et la résilience de l'écosystème des actifs numériques.

En résumé, la protection des actifs numériques est cruciale pour garantir la sécurité et la pérennité des investissements dans les crypto-monnaies et les technologies associées. En suivant les meilleures pratiques énumérées et en restant vigilant face aux menaces émergentes, les utilisateurs et les investisseurs peuvent naviguer avec confiance dans le monde en constante évolution des actifs numériques.

Les tempêtes réglementaires : Se conformer aux réglementations en matière de sécurité dans différents pays

Les crypto-monnaies et les actifs numériques sont soumis à un ensemble complexe de réglementations et de lois à travers le monde. Les gouvernements, les organismes de régulation et les institutions financières cherchent à protéger les consommateurs, à lutter contre la criminalité et à garantir la stabilité du système financier. Cependant, ces réglementations peuvent varier considérablement d'un pays à l'autre, et les utilisateurs de crypto-monnaies doivent comprendre les lois applicables dans les juridictions où ils opèrent. Voici un aperçu de certaines des principales réglementations en matière de sécurité des actifs numériques dans différents pays.

États-Unis

Aux États-Unis, les crypto-monnaies sont réglementées par plusieurs organismes, dont la Securities and Exchange Commission (SEC), la Commodity Futures Trading Commission (CFTC) et le Financial Crimes Enforcement Network (FinCEN). Les utilisateurs et les entreprises liées aux crypto-monnaies doivent se conformer aux exigences en matière de lutte contre le blanchiment d'argent (AML) et de connaissance du client (KYC), ainsi qu'aux règles concernant l'enregistrement et la déclaration des transactions.

Les plateformes d'échange de crypto-monnaies sont également soumises à des réglementations strictes, notamment en matière de licences et de conformité. Les entreprises qui souhaitent opérer aux États-Unis doivent obtenir des licences d'émetteur de monnaie ou de transmetteur de monnaie auprès des autorités compétentes.

Union européenne

Au sein de l'Union européenne (UE), les crypto-monnaies sont réglementées dans le cadre de la cinquième directive anti-blanchiment (5AMLD) et d'autres législations nationales. Les entreprises de la crypto-monnaie doivent se conformer aux exigences en matière d'AML et de KYC, ainsi qu'à d'autres réglementations concernant la déclaration des transactions, la protection des données et la sécurité des fonds des clients.

Les plateformes d'échange de crypto-monnaies et les fournisseurs de services de portefeuille doivent également être enregistrés auprès des autorités nationales compétentes et se conformer à diverses exigences en matière de gouvernance et de surveillance.

Chine

La Chine a adopté une approche très stricte en matière de réglementation des crypto-monnaies. Le gouvernement chinois a interdit les offres initiales de pièces (ICO), les échanges de crypto-monnaies et les services liés aux actifs numériques. Les utilisateurs de crypto-monnaies en Chine doivent être conscients de ces restrictions et se conformer aux réglementations en vigueur pour éviter les sanctions et les pénalités.

Japon

Le Japon a été l'un des premiers pays à adopter une réglementation spécifique aux crypto-monnaies. Les plateformes d'échange de crypto-monnaies doivent être enregistrées auprès de l'Agence des services financiers (FSA) et se conformer aux exigences en matière d'AML, de KYC, de gouvernance et de surveillance. Le Japon a également mis en place des réglementations visant à protéger les consommateurs et à promouvoir la sécurité des actifs numériques, notamment en exigeant des plateformes d'échange qu'elles mettent en place des mesures de protection des fonds des clients et des systèmes de gestion des risques.

Royaume-Uni

Au Royaume-Uni, les crypto-monnaies sont réglementées par la Financial Conduct Authority (FCA) et d'autres organismes de régulation. Les entreprises liées aux crypto-monnaies doivent se conformer aux exigences en matière d'AML et de KYC, ainsi qu'aux règles concernant l'enregistrement et la déclaration des transactions. Les plateformes d'échange de crypto-monnaies et les fournisseurs de services de portefeuille sont également soumis à des réglementations strictes, notamment en ce qui concerne la protection des fonds des clients et la gestion des risques.

Singapour

Singapour est considéré comme un hub financier en Asie et a adopté une approche favorable à l'égard des crypto-monnaies. La Monetary Authority of Singapore (MAS) réglemente les entreprises liées aux actifs numériques en vertu de la loi sur les services de paiement. Les entreprises doivent se conformer aux exigences en matière d'AML, de KYC, de protection des consommateurs et de gestion des risques.

Suisse

La Suisse est un autre pays qui a adopté une approche favorable à l'égard des crypto-monnaies. Les entreprises liées aux actifs numériques sont réglementées par la Financial Market Supervisory Authority (FINMA) et doivent se conformer aux exigences en matière d'AML, de KYC et de gouvernance. La Suisse est également connue pour sa « Crypto Valley », une région qui accueille de nombreuses entreprises de blockchain et de crypto-monnaies.

En conclusion, la réglementation des crypto-monnaies et des actifs numériques varie considérablement d'un pays à l'autre. Les utilisateurs et les entreprises doivent comprendre les lois applicables dans les juridictions où ils opèrent et se conformer aux exigences en matière de sécurité, de déclaration et de conformité. La coopération avec les organismes de régulation et l'adoption des meilleures pratiques peuvent aider à minimiser les risques et à garantir la sécurité des actifs numériques.

Les légendes des abysses :
Histoires de piratage et de sécurité réussies

Comme le monde de la crypto-monnaie est en constante évolution et attire de plus en plus d'attention, il est également devenu une cible pour les cybercriminels. Des piratages massifs aux histoires de récupération réussies, les acteurs du secteur ont dû faire face à des défis de sécurité importants. Dans cette section, nous aborderons quelques-unes des histoires les plus marquantes liées à la sécurité et aux piratages des crypto-monnaies.

Le piratage de Mt. Gox

L'une des histoires les plus tristement célèbres de l'histoire des crypto-monnaies est le piratage de Mt. Gox, qui était autrefois la plus grande plateforme d'échange de bitcoins au monde. En 2014, Mt. Gox a déclaré avoir perdu 850 000 bitcoins, d'une valeur de plus de 450 millions de dollars à l'époque, en raison d'un piratage. La plateforme a rapidement déposé une demande de protection contre la faillite et a cessé ses activités. Ce piratage a non seulement causé d'énormes pertes pour les investisseurs, mais a également semé le doute

Sur la sécurité et la viabilité du bitcoin et des autres crypto-monnaies. Depuis lors, les plateformes d'échange ont renforcé leurs mesures de sécurité pour éviter des incidents similaires.

L'attaque du DAO

Le DAO (Decentralized Autonomous Organization) était un fonds d'investissement décentralisé basé sur la blockchain Ethereum. En 2016, un pirate informatique a exploité une faille dans le code du DAO et a réussi à détourner environ 50 millions de dollars en ethers. Cet événement a conduit à un débat houleux au sein de la communauté Ethereum sur la manière de résoudre le problème. Finalement, la majorité des membres de la communauté ont décidé de procéder à un hard fork, créant ainsi une nouvelle version de la blockchain sans l'attaque du DAO. Cette décision a donné naissance à Ethereum Classic, la version originale de la blockchain qui a choisi de ne pas procéder au hard fork.

La récupération de la plateforme d'échange Bitfinex

Bitfinex est une plateforme d'échange de crypto-monnaies qui a été victime d'un piratage en 2016. Les pirates ont dérobé environ 120 000 bitcoins, d'une valeur de 72 millions de dollars à l'époque. Au lieu de fermer ses portes, Bitfinex a décidé de poursuivre ses activités et a mis en place un plan de remboursement pour les utilisateurs touchés. La plateforme a émis des tokens (BFX) correspondant aux montants perdus par les utilisateurs et s'est engagée à les racheter au fil du temps. En 2017, Bitfinex a réussi à rembourser intégralement tous les utilisateurs touchés par le piratage, démontrant sa résilience face à l'adversité et renforçant la confiance de la communauté dans la plateforme.

Le sauvetage de la crypto-monnaie Stellar

En 2017, la crypto-monnaie Stellar a été victime d'une attaque de type phishing, au cours de laquelle les pirates ont réussi à dérober environ 500 000 dollars en lumens, l'actif numérique de Stellar. La fondation Stellar, en collaboration avec d'autres acteurs du secteur, a rapidement réagi pour identifier les portefeuilles impliqués dans le piratage et bloquer les transactions associées. Grâce à une coordination rapide et efficace, la majorité des fonds volés ont été récupérés et retournés à leurs propriétaires légitimes. Cet exemple montre comment la collaboration et la réactivité peuvent être essentielles pour minimiser les pertes lors d'incidents de sécurité.

Le piratage et la rédemption de Coincheck

Coincheck est une plateforme d'échange de crypto-monnaies basée au Japon. En janvier 2018, elle a été la cible d'un piratage massif, au cours duquel environ 530 millions de dollars en tokens NEM ont été volés. Malgré l'ampleur du piratage, Coincheck a réussi à se relever en mettant en place un plan de remboursement pour les utilisateurs affectés et en renforçant considérablement ses mesures de sécurité. Coincheck a également réussi à obtenir une licence de la Financial Services Agency (FSA) du Japon, ce qui témoigne de sa détermination à reconstruire la confiance de ses utilisateurs et à se conformer aux réglementations en vigueur.

Ces histoires montrent que les défis de sécurité dans l'industrie de la crypto-monnaie sont réels et sérieux. Cependant, elles mettent également en évidence la résilience et la capacité d'adaptation des acteurs du secteur face à ces défis. En tirant des leçons des erreurs passées et en mettant en œuvre des pratiques de sécurité solides, l'industrie de la crypto-monnaie continue de croître et de se développer malgré les menaces potentielles.

L'épopée des crypto-entrepreneurs et investisseurs

Les héros de notre temps : Portraits d'entrepreneurs et d'investisseurs influents

Satoshi Nakamoto : Le mystérieux créateur du Bitcoin

Peu de personnes ont eu un impact aussi important sur le monde de la crypto-monnaie que Satoshi Nakamoto, l'inventeur anonyme du Bitcoin. Depuis la publication de son livre blanc en 2008, le Bitcoin est devenu la première et la plus célèbre des crypto-monnaies, donnant naissance à une industrie en pleine croissance. Malgré sa notoriété, l'identité de Satoshi Nakamoto reste un mystère, mais son héritage perdure.

Vitalik Buterin : Le prodige derrière Ethereum

Vitalik Buterin est le cofondateur et la figure de proue d'Ethereum, une plateforme de blockchain qui a révolutionné l'utilisation des contrats intelligents. Né en Russie et ayant grandi au Canada, Buterin a conçu Ethereum à l'âge de 19 ans. Aujourd'hui, Ethereum est la deuxième plus grande crypto-monnaie en termes de capitalisation boursière et a ouvert la voie à une nouvelle génération de projets de blockchain et de crypto-monnaies.

Brian Armstrong : Le capitaine du navire Coinbase

Brian Armstrong est le cofondateur et PDG de Coinbase, l'une des plateformes d'échange de crypto-monnaies les plus populaires et les plus réussies au monde. Depuis sa création en 2012, Coinbase a attiré des millions d'utilisateurs et a joué un rôle crucial dans la démocratisation de l'accès aux crypto-monnaies. Armstrong a été un défenseur de l'adoption généralisée de la blockchain et des crypto-monnaies, contribuant à façonner l'industrie telle que nous la connaissons aujourd'hui.

Elizabeth Stark : L'éclair de Lightning Network

Elizabeth Stark est la cofondatrice et PDG de Lightning Labs, une entreprise qui développe le Lightning Network, un protocole de couche 2 destiné à améliorer la scalabilité et la rapidité des transactions Bitcoin. Stark est une fervente défenseure de la décentralisation et de l'innovation dans l'espace de la blockchain, et son travail sur le Lightning Network a le potentiel de révolutionner la manière dont les transactions sont effectuées sur la blockchain Bitcoin.

Tim Draper : L'investisseur visionnaire

Tim Draper est un investisseur en capital-risque américain et un fervent partisan des crypto-monnaies. Il a été l'un des premiers investisseurs de la crypto-monnaie et a fait preuve d'une confiance inébranlable dans son potentiel. Draper a investi dans des entreprises telles que Coinbase, Ledger et Tezos, et a acquis une réputation de visionnaire dans l'industrie. Son optimisme et son soutien indéfectible envers la technologie de la blockchain en font un véritable héros de notre temps.

Changpeng Zhao : Le roi de l'échange Binance

Changpeng Zhao, également connu sous le nom de « CZ », est le fondateur et PDG de Binance, l'une des plus grandes plateformes d'échange de crypto-monnaies au monde en termes de volume de transactions. Né en Chine et ayant grandi au Canada, CZ a rapidement fait monter en flèche Binance depuis sa création en 2017, en faisant l'une des plateformes les plus influentes de l'industrie. CZ est également un ardent défenseur de l'adoption des crypto-monnaies et de la technologie blockchain, partageant régulièrement ses idées et sa vision sur les réseaux sociaux.

Charles Hoskinson : Le pionnier du Cardano

Charles Hoskinson est le fondateur de Cardano, une plateforme de blockchain de troisième génération qui vise à résoudre les problèmes de scalabilité, de sécurité et de gouvernance auxquels sont confrontées les blockchains de première et deuxième génération. Hoskinson, qui est également un ancien cofondateur d'Ethereum, est reconnu pour son expertise technique et son approche axée sur la recherche pour développer des solutions innovantes dans l'industrie de la blockchain.

Tyler et Cameron Winklevoss : Les jumeaux du monde des crypto-monnaies

Tyler et Cameron Winklevoss, les jumeaux entrepreneurs et investisseurs, sont devenus des figures emblématiques dans le monde des crypto-monnaies. Ils ont cofondé Gemini, une plateforme d'échange de crypto-monnaies basée à New York, et ont été parmi les premiers investisseurs du Bitcoin. Les frères Winklevoss ont également investi dans divers projets de blockchain et sont devenus des défenseurs influents de l'industrie, contribuant à façonner l'avenir des crypto-monnaies.

Michael Saylor : L'apôtre du Bitcoin

Michael Saylor est le fondateur et PDG de MicroStrategy, une entreprise de logiciels d'analyse et de mobilité. Il est devenu une figure de proue dans l'adoption institutionnelle du Bitcoin en tant que réserve de valeur, après que sa société ait acheté plus de 100 000 bitcoins pour un montant total de plusieurs milliards de dollars. Saylor est un avocat passionné de l'adoption généralisée du Bitcoin et s'est engagé à partager ses connaissances et sa vision avec le monde.

Sam Bankman-Fried : Le maître du trading algorithmique

Sam Bankman-Fried est le fondateur et PDG de FTX, une plateforme d'échange de crypto-monnaies spécialisée dans les produits dérivés et les marchés à terme. Il est également le fondateur d'Alameda Research, une société de trading quantitatif axée sur les crypto-monnaies. Bankman-Fried est reconnu pour sa maîtrise du trading algorithmique et sa compréhension approfondie des marchés financiers, faisant de lui l'un des entrepreneurs les plus influents et les plus respectés de l'industrie de la crypto-monnaie.

La quête du Graal :
Témoignages et expériences personnelles de réussite et d'échec

La quête de la liberté financière : L'histoire de Roger Ver

Roger Ver, également connu sous le nom de « Bitcoin Jesus », est un investisseur et entrepreneur en crypto-monnaie. Il a été l'un des premiers à adopter le Bitcoin et a investi dans de nombreuses startups de la blockchain, contribuant ainsi à l'essor de l'écosystème des crypto-monnaies. Ver a également été un fervent défenseur du Bitcoin Cash, une crypto-monnaie qui est née d'un désaccord sur l'évolutivité du Bitcoin. Cependant, l'adoption massive du Bitcoin Cash ne s'est pas concrétisée comme prévu, ce qui a conduit à un certain nombre de critiques et de controverses autour de Ver et de ses projets. Malgré les défis, Roger Ver continue de militer pour l'adoption des crypto-monnaies et pour la liberté financière qu'elles peuvent offrir.

La montée et la chute du roi de la crypto : L'histoire de Mark Karpeles

Mark Karpeles était le PDG de Mt. Gox, la plus grande plateforme d'échange de crypto-monnaies au monde en 2013. Sous sa direction, Mt. Gox a connu un essor fulgurant, gérant jusqu'à 70 % de toutes les transactions de Bitcoin à l'époque. Cependant, en février 2014, Mt. Gox a subi un piratage massif qui a entraîné la perte de 850 000 bitcoins, d'une valeur de plus de 450 millions de dollars à l'époque. Suite à cet incident, Mt. Gox a été contraint de déposer le bilan, et Karpeles a été arrêté et inculpé pour des accusations liées à la fraude et à l'abus de confiance. Malgré ses erreurs, l'histoire de Mark Karpeles reste un rappel des défis et des responsabilités associés à la gestion d'une entreprise dans l'industrie des crypto-monnaies.

L'ascension fulgurante et la chute brutale : L'histoire de Gerald Cotten

Gerald Cotten était le fondateur et PDG de QuadrigaCX, une plateforme d'échange de crypto-monnaies canadienne. En 2018, QuadrigaCX était l'une des plus grandes plateformes d'échange du Canada, attirant des milliers d'investisseurs et de traders. Cependant, en décembre 2018, Gerald Cotten est décédé de façon inattendue lors d'un voyage en Inde. Suite à sa mort, il a été révélé que Cotten était le seul à détenir les clés privées des portefeuilles de la plateforme, ce qui a rendu impossible l'accès à environ 190 millions de dollars d'actifs numériques appartenant à ses clients. L'histoire de Gerald Cotten et de QuadrigaCX souligne l'importance de la sécurité et de la transparence dans l'industrie des crypto-monnaies et rappelle la nécessité de mettre en place des mesures de protection adéquates pour protéger les actifs des investisseurs.

Le génie autodidacte : L'histoire d'Erik Finman

Erik Finman est un entrepreneur et investisseur en crypto-monnaie qui a fait la une des journaux pour être devenu millionnaire grâce au Bitcoin alors qu'il n'avait que 18 ans. En

2011, à l'âge de 12 ans, il a investi 1 000 dollars dans le Bitcoin, offerts par sa grand-mère. Au fil des ans, Finman a vendu et échangé des bitcoins, augmentant considérablement sa fortune. Erik a également fondé plusieurs entreprises technologiques, dont Botangle, une plateforme éducative en ligne. Son histoire démontre qu'avec une passion pour l'apprentissage et un esprit d'entreprise, il est possible de réussir dans l'industrie des crypto-monnaies, même à un jeune âge.

La détermination face à l'échec : L'histoire de Charlie Shrem

Charlie Shrem est un entrepreneur et un fervent défenseur des crypto-monnaies. Il a cofondé BitInstant, une plateforme d'échange de crypto-monnaies qui a connu un succès rapide. Cependant, en 2014, Shrem a été arrêté et inculpé pour avoir facilité des transactions illégales sur Silk Road, un marché noir en ligne. Shrem a finalement plaidé coupable et a été condamné à deux ans de prison. Après sa libération, il a décidé de se consacrer à l'éducation sur les crypto-monnaies et à la promotion de l'adoption de la technologie blockchain. L'histoire de Charlie Shrem montre que les échecs peuvent être surmontés et que la détermination peut mener à la réussite.

L'esprit d'innovation : L'histoire de Vitalik Buterin

Vitalik Buterin est le cofondateur d'Ethereum, une plateforme de blockchain qui a révolutionné l'industrie des crypto-monnaies en introduisant les contrats intelligents et les applications décentralisées (dApps). Buterin est largement considéré comme un génie et un visionnaire dans l'industrie des crypto-monnaies, et Ethereum est aujourd'hui la deuxième plus grande crypto-monnaie en termes de capitalisation boursière. Malgré les défis et les critiques, Vitalik Buterin continue de pousser les limites de l'innovation dans l'espace de la blockchain et travaille constamment à améliorer Ethereum et à soutenir de nouveaux projets basés sur sa plateforme.

En conclusion, les histoires de ces entrepreneurs et investisseurs influents montrent que la quête du succès dans l'industrie des crypto-monnaies est semée d'embûches et d'échecs. Cependant, avec la détermination, l'innovation et un esprit d'entreprise, il est possible de surmonter ces défis et de réaliser des choses incroyables. Ces témoignages offrent des leçons précieuses pour ceux qui souhaitent se lancer dans l'univers des crypto-monnaies et servent d'inspiration pour les futurs pionniers de la technologie blockchain.

Les havres de paix :
Meilleures localisations pour les entreprises liées à la crypto-monnaie

Lorsqu'il s'agit de choisir une localisation pour créer une entreprise liée à la crypto-monnaie, il est crucial de prendre en compte les aspects réglementaires, fiscaux et autres facteurs qui pourraient avoir un impact sur la réussite de l'entreprise. Voici quelques-unes des meilleures localisations pour les entreprises liées à la crypto-monnaie.

Suisse

La Suisse est souvent considérée comme l'un des pays les plus favorables aux crypto-monnaies. Le canton de Zoug, en particulier, est surnommé « Crypto Valley » en raison de son environnement favorable aux entreprises et de sa concentration d'entreprises liées à la blockchain. La Suisse offre un cadre réglementaire clair et stable pour les crypto-monnaies et les entreprises liées à la blockchain, ainsi qu'un accès à des services bancaires et des talents spécialisés. De plus, le pays possède un système fiscal favorable aux entreprises, avec des taux d'imposition faibles et compétitifs.

Singapour

Singapour est un autre pays qui a adopté une approche favorable aux crypto-monnaies et à la blockchain. Les autorités de régulation de Singapour ont mis en place un cadre réglementaire clair et compréhensible pour les entreprises liées à la crypto-monnaie, tout en soutenant l'innovation et la croissance dans le secteur. Singapour est également réputée pour son environnement fiscal attractif, qui comprend des taux d'imposition sur les sociétés relativement bas et diverses incitations fiscales pour les entreprises en démarrage et les investisseurs.

Estonie

L'Estonie est devenue un choix populaire pour les entreprises liées à la crypto-monnaie en raison de son environnement réglementaire favorable et de sa politique d'e-résidence qui permet aux entrepreneurs étrangers de créer et de gérer facilement une entreprise dans le pays. L'Estonie a adopté une approche proactive en matière de régulation des crypto-monnaies et a mis en place un cadre réglementaire clair pour les entreprises opérant dans ce secteur. De plus, l'Estonie est membre de l'Union européenne, offrant ainsi un accès au marché unique européen.

Malte

Malte, surnommée la « Blockchain Island », est un autre pays qui attire les entreprises liées à la crypto-monnaie grâce à son cadre réglementaire favorable. Le gouvernement maltais a adopté plusieurs lois pour encadrer les activités liées à la blockchain et aux crypto-monnaies, créant ainsi un environnement propice à la croissance et à l'innovation dans le secteur. Malte offre également des avantages fiscaux pour les entreprises et les investisseurs, notamment des taux d'imposition sur les sociétés compétitives et des incitations fiscales pour les entreprises en démarrage.

Gibraltar

Gibraltar est une juridiction attrayante pour les entreprises liées à la crypto-monnaie en raison de son cadre réglementaire progressiste et de sa volonté d'adopter des technologies innovantes. En 2018, Gibraltar a introduit une réglementation spécifique pour les entreprises utilisant la technologie blockchain, créant ainsi un environnement favorable pour les entreprises liées à la crypto-monnaie. Gibraltar offre également des avantages fiscaux, tels que des taux d'imposition sur les sociétés compétitifs et l'absence de taxe sur la valeur ajoutée (TVA) sur les transactions en crypto-monnaie.

Luxembourg

Le Luxembourg est un autre pays européen qui a adopté une approche favorable aux crypto-monnaies et à la blockchain. Le pays offre un cadre réglementaire clair et stable pour les entreprises liées à la crypto-monnaie et a récemment mis en place une législation spécifique pour les prestataires de services sur actifs virtuels. Le Luxembourg est également réputé pour son environnement fiscal favorable aux entreprises, avec des taux d'imposition sur les sociétés relativement bas et des incitations fiscales pour les investisseurs.

Îles Caïmans

Les îles Caïmans sont un paradis fiscal populaire pour les entreprises internationales, y compris celles liées à la crypto-monnaie. Bien que le pays n'ait pas encore mis en place une réglementation spécifique pour les crypto-monnaies, les autorités ont adopté une approche plutôt favorable à l'égard de cette industrie. Les îles Caïmans offrent des avantages fiscaux considérables, tels que l'absence d'impôt sur les sociétés, d'impôt sur le revenu et de taxe sur la valeur ajoutée (TVA).

Île Maurice

L'île Maurice est une autre juridiction offrant un environnement favorable aux entreprises liées à la crypto-monnaie. Le gouvernement de l'île Maurice a adopté une approche proactive en matière de régulation des crypto-monnaies, en mettant en place un cadre réglementaire clair pour les entreprises opérant dans ce secteur. L'île Maurice offre également des avantages fiscaux, tels que des taux d'imposition sur les sociétés compétitives et des incitations fiscales pour les entreprises en démarrage.

En conclusion, il existe plusieurs pays qui offrent des environnements favorables pour les entreprises liées à la crypto-monnaie. Les entrepreneurs et investisseurs doivent prendre en compte les aspects réglementaires, fiscaux et autres facteurs lorsqu'ils choisissent une localisation pour créer et développer leur entreprise. En fin de compte, le choix du bon pays dépendra des objectifs spécifiques de l'entreprise et des besoins individuels de l'entrepreneur.

Les enseignements des anciens : Conseils pour les entrepreneurs et investisseurs en herbe

Entrer dans le monde des crypto-monnaies peut être à la fois passionnant et intimidant pour les entrepreneurs et investisseurs en herbe. L'industrie est en constante évolution et présente de nombreuses opportunités pour ceux qui sont prêts à relever les défis. Les enseignements des entrepreneurs et investisseurs expérimentés peuvent fournir des conseils inestimables pour naviguer dans ce paysage complexe et en constante évolution. Voici quelques conseils pour les entrepreneurs et investisseurs en herbe dans le domaine des crypto-monnaies.

Ne négligez pas les fondamentaux

Il est crucial de comprendre les concepts de base des crypto-monnaies et de la technologie blockchain avant de s'impliquer dans des projets ou des investissements. Assurez-vous de vous familiariser avec les principes fondamentaux, les principaux acteurs du marché et les tendances actuelles. Une solide compréhension des fondamentaux vous permettra de prendre des décisions éclairées et de minimiser les risques.

Restez informé

L'industrie des crypto-monnaies évolue rapidement, et il est essentiel de rester informé des dernières nouvelles, réglementations et développements technologiques. Abonnez-vous à des bulletins d'information, suivez des influenceurs de confiance sur les réseaux sociaux et participez à des forums de discussion en ligne pour rester à jour sur les tendances du marché.

Soyez prêt à apprendre de vos erreurs

Le parcours entrepreneurial et d'investissement peut être semé d'embûches, et il est crucial d'être prêt à apprendre de ses erreurs. N'hésitez pas à demander conseil aux autres, à reconnaître vos échecs et à chercher des opportunités d'amélioration. Ne laissez pas les échecs vous décourager ; considérez-les plutôt comme des occasions d'apprendre et de grandir.

Évaluez les risques et gérez-les de manière appropriée

Investir dans les crypto-monnaies peut être risqué, et il est crucial d'évaluer les risques et de les gérer de manière appropriée. Ne mettez pas tous vos œufs dans le même panier et diversifiez votre portefeuille d'investissement pour minimiser les risques. Il est également important de surveiller de près vos investissements et de vous adapter en fonction des conditions du marché.

Ne cédez pas à la FOMO (Fear of Missing Out)

Il peut être tentant de suivre aveuglément les tendances du marché et d'investir dans les dernières crypto-monnaies à la mode. Cependant, il est important de résister à la tentation de céder à la FOMO et d'évaluer soigneusement les opportunités d'investissement. Prenez le temps de faire des recherches approfondies et de prendre des décisions éclairées plutôt que de suivre aveuglément la foule.

Construisez un réseau solide

Le succès dans l'industrie des crypto-monnaies repose souvent sur la qualité de votre réseau. Cherchez à établir des relations avec d'autres entrepreneurs, investisseurs, experts et passionnés du domaine. Participez à des conférences, des événements et des forums en ligne pour élargir votre réseau et vous tenir informé des dernières tendances et opportunités. Un réseau solide peut vous aider à découvrir de nouvelles opportunités et à surmonter les défis auxquels vous pourriez être confronté.

Faites preuve de patience et de persévérance

Le succès dans l'industrie des crypto-monnaies ne vient pas du jour au lendemain. Il faut de la patience et de la persévérance pour réussir en tant qu'entrepreneur ou investisseur. Soyez prêt à faire face à des défis et à travailler dur pour atteindre vos objectifs. N'abandonnez pas lorsque les choses deviennent difficiles, et rappelez-vous que les réussites durables prennent du temps à se construire.

Privilégiez la qualité plutôt que la quantité

Lorsqu'il s'agit d'investir dans des projets liés aux crypto-monnaies, il est préférable de privilégier la qualité plutôt que la quantité. Recherchez des projets solides, bien structurés et soutenus par une équipe expérimentée. Évitez les investissements impulsifs et concentrez-vous sur des projets offrant un réel potentiel de croissance et de réussite à long terme.

Respectez les réglementations

L'industrie des crypto-monnaies est soumise à des réglementations qui varient d'un pays à l'autre. Il est crucial de respecter ces réglementations pour éviter les sanctions et les problèmes juridiques. Assurez-vous de comprendre les lois et régulations applicables dans les pays où vous envisagez d'investir ou de créer une entreprise. Si nécessaire, consultez un avocat spécialisé en droit des crypto-monnaies pour obtenir des conseils juridiques adaptés à votre situation.

Gardez un œil sur l'avenir

Le paysage des crypto-monnaies est en constante évolution, et il est important de garder un œil sur l'avenir. Essayez de prévoir les tendances et les évolutions qui pourraient avoir un impact sur l'industrie et ajustez vos stratégies en conséquence. En gardant une vision à long terme et en étant prêt à s'adapter aux changements, vous serez mieux positionné pour réussir en tant qu'entrepreneur ou investisseur dans le domaine des crypto-monnaies.

En résumé, le succès dans l'industrie des crypto-monnaies repose sur une combinaison de connaissances solides, de réseautage, de gestion des risques et de persévérance. En suivant ces conseils et en tirant parti des enseignements des entrepreneurs et investisseurs expérimentés, vous serez mieux équipé pour naviguer dans le monde des crypto-monnaies et tirer profit des opportunités qui s'offrent à vous.

L'oracle
des politiques économiques
et gouvernementales

Les rouages du pouvoir : Analyse de l'impact
des politiques gouvernementales
sur l'industrie de la crypto-monnaie

L'industrie de la crypto-monnaie est étroitement liée aux politiques gouvernementales, car les régulations et les lois adoptées par les gouvernements ont un impact direct sur la façon dont les entreprises et les investisseurs opèrent. Dans cette partie, nous analyserons l'impact des politiques gouvernementales sur l'industrie de la crypto-monnaie et explorerons les différentes approches adoptées par les gouvernements à travers le monde.

Les approches divergentes des gouvernements

Les gouvernements du monde entier ont adopté des approches très différentes en ce qui concerne les crypto-monnaies. Certains pays, comme le Japon, la Suisse et Malte, ont adopté des régulations favorables et des politiques encourageant le développement de l'industrie de la crypto-monnaie. Ces pays ont mis en place des régimes fiscaux attractifs, des régulations claires et des licences pour les entreprises liées à la crypto-monnaie, créant ainsi un environnement propice à l'innovation et à la croissance du secteur.

D'autres pays, comme la Chine et l'Inde, ont adopté une approche plus stricte et restrictive, interdisant ou limitant l'utilisation des crypto-monnaies. Ces pays ont exprimé des préoccupations concernant les risques liés à la fraude, au blanchiment d'argent et à la stabilité financière, ce qui les a conduits à mettre en place des régulations sévères pour contrôler l'industrie.

L'impact des politiques gouvernementales sur les entreprises de crypto-monnaie

Les politiques gouvernementales ont un impact considérable sur les entreprises liées à la crypto-monnaie. Les régulations favorables et les incitations fiscales attirent les entreprises et les investisseurs, tandis que les régulations restrictives et les interdictions peuvent forcer les entreprises à quitter le marché ou à opérer dans la clandestinité.

Les régulations claires et cohérentes sont essentielles pour que les entreprises de crypto-monnaie puissent opérer en toute légalité et avec confiance. Les régulations incertaines ou ambiguës peuvent créer un climat d'incertitude et décourager les investissements dans le secteur. De plus, les entreprises de crypto-monnaie sont souvent confrontées à des défis en matière de conformité et de reporting, en particulier lorsqu'elles opèrent dans plusieurs juridictions ayant des régulations différentes.

L'impact des politiques gouvernementales sur les investisseurs

Les politiques gouvernementales ont également un impact sur les investisseurs intéressés par les crypto-monnaies. Les régulations restrictives ou les interdictions peuvent décourager les investisseurs et limiter l'accès aux opportunités d'investissement dans le secteur. Les investisseurs peuvent également être dissuadés d'investir dans des pays où les régulations sont incertaines ou sujettes à des changements fréquents.

En revanche, les régulations favorables et les incitations fiscales peuvent encourager les investisseurs à investir dans l'industrie de la crypto-monnaie. Les investisseurs sont plus susceptibles d'investir dans des pays où les régulations sont claires et stables, ce qui leur permet de mieux évaluer les risques et les opportunités associés à leurs investissements.

L'évolution des politiques gouvernementales et l'adaptation de l'industrie

L'industrie de la crypto-monnaie est en constante évolution, et les politiques gouvernementales doivent s'adapter en conséquence. Les gouvernements doivent trouver un équilibre entre la promotion de l'innovation et de la croissance économique, et la protection des consommateurs et de la stabilité financière.

Certaines tendances montrent que de plus en plus de gouvernements commencent à reconnaître les avantages potentiels des crypto-monnaies et à adopter des régulations plus favorables. Par exemple, de nombreux pays ont commencé à explorer l'émission de monnaies numériques de banque centrale (CBDC) pour moderniser leurs systèmes financiers et renforcer la confiance dans les monnaies numériques. De plus, des initiatives internationales, comme le G20 et le G7, ont commencé à discuter de la nécessité de mettre en place des régulations harmonisées et des normes communes pour l'industrie de la crypto-monnaie.

En somme, les politiques gouvernementales ont un impact significatif sur l'industrie de la crypto-monnaie. Les approches divergentes des gouvernements peuvent soit encourager la croissance et l'innovation dans le secteur, soit entraver son développement. Les entreprises et les investisseurs doivent être conscients des régulations et des politiques en vigueur dans les pays où ils opèrent et adapter leurs stratégies en conséquence.

Pour que l'industrie de la crypto-monnaie continue de prospérer, il est essentiel que les gouvernements adoptent des régulations claires et cohérentes qui favorisent l'innovation tout en protégeant les consommateurs et la stabilité financière. Les initiatives de coopération internationale et les discussions sur la mise en place de normes communes peuvent jouer un rôle crucial pour harmoniser les régulations et encourager l'adoption généralisée des crypto-monnaies à travers le monde.

Les prophéties de l'économie : Perspectives économiques mondiales et leur influence sur les crypto-monnaies

Les crypto-monnaies, en tant qu'actifs financiers et moyens de paiement alternatifs, sont étroitement liées aux perspectives économiques mondiales. Les événements économiques, tels que les cycles de croissance et de récession, les crises financières et les politiques monétaires, peuvent avoir des conséquences significatives sur la demande, l'adoption et la valorisation des crypto-monnaies. Cette partie examine les principales tendances économiques mondiales et leur influence potentielle sur les crypto-monnaies.

Le rôle des crypto-monnaies dans un contexte économique incertain

L'économie mondiale traverse une période d'incertitude et de volatilité accrues, en partie due aux conséquences de la pandémie de COVID-19, aux tensions géopolitiques et aux défis environnementaux. Dans ce contexte, les crypto-monnaies peuvent jouer un rôle de diversification et de protection contre l'inflation pour les investisseurs.

En effet, certains investisseurs considèrent les crypto-monnaies, en particulier le Bitcoin, comme une réserve de valeur numérique et une alternative à l'or. Cette vision s'appuie sur l'idée que les crypto-monnaies sont moins corrélées aux marchés financiers traditionnels et peuvent donc aider à réduire les risques du portefeuille. Cependant, cette hypothèse reste controversée, car la volatilité des prix des crypto-monnaies peut également entraîner des pertes importantes pour les investisseurs.

L'influence des politiques monétaires sur les crypto-monnaies

Les politiques monétaires des banques centrales, telles que les taux d'intérêt et les mesures d'assouplissement quantitatif, ont un impact significatif sur l'économie mondiale et, par conséquent, sur les crypto-monnaies. Par exemple, en réponse à la pandémie de COVID-19, de nombreuses banques centrales ont réduit leurs taux d'intérêt et mis en œuvre des programmes d'achat d'actifs pour soutenir l'économie. Ces mesures ont entraîné une augmentation de la liquidité sur les marchés financiers et une baisse des rendements des actifs traditionnels, ce qui a encouragé les investisseurs à rechercher des alternatives plus rentables, telles que les crypto-monnaies.

De plus, certains investisseurs craignent que les politiques monétaires expansionnistes entraînent une inflation plus élevée et une dévaluation des monnaies fiduciaires. Dans ce contexte, les crypto-monnaies pourraient servir de couverture contre l'inflation et de protection contre la dépréciation des monnaies traditionnelles.

L'adoption des crypto-monnaies dans les économies émergentes

Les économies émergentes, confrontées à des problèmes tels que l'inflation, la volatilité des taux de change et les contrôles des capitaux, pourraient jouer un rôle clé dans l'adoption future des crypto-monnaies. Pour les citoyens de ces pays, les crypto-monnaies offrent un moyen de préserver la valeur de leurs économies face à l'inflation et à la dépréciation de leur monnaie nationale. De plus, les crypto-monnaies peuvent faciliter les transferts internationaux de fonds, en contournant les contrôles de capitaux et en réduisant les frais de transaction. Par conséquent, les économies émergentes pourraient devenir des incubateurs d'innovation et d'adoption des crypto-monnaies.

Les défis environnementaux et leur impact sur l'industrie de la crypto-monnaie

L'impact environnemental de certaines crypto-monnaies, en particulier de celles utilisant la preuve de travail (Proof of Work) comme mécanisme de consensus, est devenu un sujet de préoccupation croissante. La consommation d'énergie et les émissions de carbone associées à la production de ces crypto-monnaies soulèvent des questions sur leur viabilité à long terme et leur compatibilité avec les objectifs de développement durable.

Dans ce contexte, les innovations technologiques et les réglementations environnementales pourraient influencer l'évolution future des crypto-monnaies. Par exemple, l'adoption de mécanismes de consensus plus écoénergétiques, tels que la preuve d'enjeu (Proof of Stake), pourrait réduire l'impact environnemental de l'industrie. De plus, les politiques gouvernementales visant à encourager l'utilisation d'énergies renouvelables pour la production de crypto-monnaies pourraient contribuer à atténuer les préoccupations environnementales.

Les perspectives économiques mondiales influencent de manière significative l'évolution et la valorisation des crypto-monnaies. Les incertitudes économiques, les politiques monétaires, l'adoption dans les économies émergentes et les défis environnementaux sont autant de facteurs qui peuvent façonner l'avenir de l'industrie de la crypto-monnaie. Les investisseurs et les entrepreneurs doivent donc surveiller attentivement ces tendances et adapter leurs stratégies en conséquence.

Comprendre les liens entre les crypto-monnaies et les tendances économiques mondiales peut aider les acteurs de l'industrie à anticiper les opportunités et les défis futurs. En gardant un œil sur les développements économiques et en ajustant leurs stratégies en conséquence, les entrepreneurs et investisseurs en crypto-monnaies peuvent naviguer avec succès dans cet environnement en constante évolution et en tirer parti pour maximiser leur succès.

Les légendes du futur : Prédictions des tendances politiques et économiques

Adoption croissante des crypto-monnaies par les gouvernements

Au cours des prochaines années, il est probable que les gouvernements du monde entier adopteront de plus en plus les crypto-monnaies. Certains pays pourraient adopter des politiques favorables aux crypto-monnaies, tandis que d'autres pourraient explorer la possibilité de créer leurs propres monnaies numériques de banque centrale (CBDC). Les gouvernements pourraient également explorer des applications de la technologie blockchain pour améliorer la transparence, la traçabilité et la sécurité dans divers domaines tels que la gestion des identités, les votes électroniques et les contrats intelligents.

Consolidation et régulation accrue du secteur des crypto-monnaies

Avec la croissance rapide de l'industrie des crypto-monnaies et l'émergence de nouveaux acteurs, il est probable que les gouvernements chercheront à réglementer davantage le secteur pour protéger les consommateurs, lutter contre le blanchiment d'argent et prévenir d'autres activités illégales. Les régulateurs pourraient également chercher à harmoniser les règles relatives aux crypto-monnaies à l'échelle internationale pour éviter les disparités entre les pays et faciliter la coopération transfrontalière. Cela pourrait entraîner une consolidation du marché, avec une concentration des acteurs de l'industrie autour de quelques grandes entreprises qui sont en mesure de se conformer aux réglementations plus strictes.

Développement de nouvelles technologies et plateformes

L'évolution rapide des technologies blockchain et des crypto-monnaies signifie qu'il est probable que de nouvelles plateformes et applications émergeront dans les années à venir. Les nouvelles générations de blockchains pourraient offrir des améliorations significatives en termes de scalabilité, de sécurité et d'efficacité énergétique. De plus, l'émergence de technologies telles que les contrats intelligents, les oracles décentralisés et les marchés de prédiction pourrait ouvrir la voie à une multitude de nouvelles applications dans divers secteurs, tels que la finance, l'assurance, la logistique et la gouvernance.

Évolution des modèles économiques basés sur les crypto-monnaies

Au fur et à mesure que les crypto-monnaies deviennent plus largement acceptées et intégrées dans l'économie mondiale, il est probable que de nouveaux modèles économiques émergeront pour tirer parti de leurs avantages uniques. Par exemple, les entreprises pourraient adopter des modèles de financement basés sur les crypto-monnaies, tels que les offres initiales de pièces (ICO) et les offres initiales d'échange (IEO), pour lever des fonds sans recourir aux marchés traditionnels de capitaux. De plus, les entreprises pourraient explorer des modèles de tarification et de rémunération basés sur les crypto-monnaies pour offrir de la transparence, de la flexibilité et de l'inclusion financière à leurs clients et employés.

Les défis de la durabilité et de l'inclusion financière

Les préoccupations concernant l'impact environnemental des crypto-monnaies, en particulier celles qui utilisent des mécanismes de consensus énergivores comme la preuve de travail (PoW), pourraient conduire à une pression accrue pour développer des solutions plus durables. Les innovations dans les mécanismes de consensus, tels que la preuve d'enjeu (PoS) et la preuve d'autorité (PoA), pourraient contribuer à réduire l'empreinte carbone de l'industrie.

En outre, l'inclusion financière demeure un défi majeur pour l'industrie des crypto-monnaies. Alors que les crypto-monnaies offrent un potentiel considérable pour élargir l'accès aux services financiers, de nombreuses personnes dans le monde n'ont toujours pas accès à ces technologies en raison de la fracture numérique, des barrières réglementaires ou du manque de connaissances. Les efforts pour promouvoir l'éducation financière et améliorer l'infrastructure numérique pourraient contribuer à résoudre ces problèmes et à favoriser une adoption plus large des crypto-monnaies.

La montée en puissance des monnaies numériques de banque centrale (CBDC)

Face à l'essor des crypto-monnaies et à l'évolution des besoins en matière de paiement, de nombreux gouvernements étudient la possibilité de créer leurs propres monnaies numériques de banque centrale (CBDC). Les CBDC pourraient offrir une alternative aux crypto-monnaies décentralisées, tout en conservant la confiance et la stabilité associées aux monnaies fiduciaires traditionnelles. Les CBDC pourraient également faciliter la mise en œuvre de politiques monétaires et fiscales, tout en réduisant les coûts et les risques associés aux transactions financières.

Les défis géopolitiques et la rivalité entre les États

Les crypto-monnaies et la technologie blockchain pourraient également jouer un rôle de plus en plus important dans les dynamiques géopolitiques et les rivalités entre États. Les gouvernements pourraient chercher à utiliser les crypto-monnaies pour contourner les sanctions économiques, renforcer leur influence économique et développer de nouvelles formes de guerre économique. Les gouvernements pourraient également chercher à développer et à promouvoir leurs propres technologies blockchain pour renforcer leur compétitivité économique et leur influence mondiale.

En résumé, l'avenir des crypto-monnaies et de la technologie blockchain sera probablement façonné par une multitude de facteurs politiques et économiques. Les tendances actuelles suggèrent que l'adoption et l'intégration des crypto-monnaies dans l'économie mondiale continueront de croître, mais elles seront également confrontées à de nouveaux défis et opportunités en matière de régulation, de durabilité et de géopolitique. Pour réussir dans ce paysage en évolution rapide, les entrepreneurs et les investisseurs devront rester attentifs aux développements mondiaux et être prêts à adapter leurs stratégies en conséquence.

Les lumières de la sagesse :
Débat sur l'avenir de la régulation
des crypto-monnaies

Le débat sur l'avenir de la régulation des crypto-monnaies est complexe et en constante évolution, car il doit concilier les intérêts divers et parfois contradictoires des gouvernements, des entreprises et des particuliers. L'objectif principal de la régulation est de protéger les consommateurs et d'assurer la stabilité financière, tout en tenant compte des innovations technologiques et des opportunités offertes par les crypto-monnaies.

La nécessité d'une régulation adaptée

Il est crucial de concevoir des régulations adaptées aux spécificités des crypto-monnaies et de la technologie blockchain. Les régulateurs doivent être informés des dernières avancées technologiques et comprendre les mécanismes sous-jacents des actifs numériques pour mettre en place des régulations efficaces et équilibrées. Ces régulations doivent également tenir compte des différents types de crypto-monnaies (par exemple, les stablecoins, les tokens utilitaires et les tokens de sécurité) et de leurs diverses applications (tels que les paiements, les investissements et la finance décentralisée).

La coopération internationale

La nature décentralisée et transfrontalière des crypto-monnaies soulève des défis uniques en matière de régulation. Les gouvernements doivent collaborer et échanger des informations pour lutter contre les activités illicites, telles que le blanchiment d'argent, le financement du terrorisme et l'évasion fiscale. Des initiatives telles que le Groupe d'action financière (GAFI) et l'Organisation de coopération et de développement économiques (OCDE) ont déjà commencé à établir des normes internationales pour la régulation des crypto-monnaies. Cependant, la mise en œuvre et l'harmonisation de ces normes restent un défi.

Les défis liés à la protection de la vie privée

Un autre aspect crucial du débat sur la régulation des crypto-monnaies concerne la protection de la vie privée. Les crypto-monnaies offrent un certain degré d'anonymat et de confidentialité, ce qui peut être à la fois bénéfique et problématique. D'une part, la protection de la vie privée est essentielle pour garantir la liberté individuelle et prévenir la surveillance abusive des gouvernements et des entreprises. D'autre part, l'anonymat peut faciliter les activités illicites et rendre plus difficile la traçabilité des transactions suspectes. Les régulateurs doivent trouver un équilibre entre la protection de la vie privée et la prévention des abus.

L'innovation et la compétitivité

Les régulations doivent également promouvoir l'innovation et la compétitivité dans l'industrie des crypto-monnaies. Une régulation trop restrictive pourrait étouffer l'innovation et entraver le développement de nouvelles technologies et applications. En revanche, une régulation trop laxiste pourrait entraîner des risques pour les consommateurs et la stabilité financière. Les gouvernements et les régulateurs doivent travailler en étroite collaboration avec les acteurs de l'industrie pour élaborer des régulations adaptées qui favorisent l'innovation tout en protégeant les utilisateurs et en assurant la stabilité du système financier.

L'éducation et la sensibilisation

Un élément clé du débat sur la régulation des crypto-monnaies est l'éducation et la sensibilisation des consommateurs, des entreprises et des régulateurs. Comprendre les avantages et les risques associés aux crypto-monnaies et à la technologie blockchain est essentiel pour prendre des décisions éclairées sur la manière de réguler ce secteur en pleine croissance. Les gouvernements et les organismes de régulation devraient investir dans des programmes de formation et des campagnes de sensibilisation pour aider les utilisateurs à naviguer dans le monde complexe des crypto-monnaies.

La responsabilité sociale et environnementale

La régulation des crypto-monnaies doit également prendre en compte les préoccupations sociales et environnementales. Par exemple, la consommation d'énergie considérable nécessaire pour la validation des transactions sur certaines blockchains, comme celle du Bitcoin, soulève des questions sur la durabilité et l'impact environnemental de ces technologies. Les régulateurs devraient encourager le développement de solutions plus respectueuses de l'environnement, telles que les systèmes de preuve d'enjeu (Proof of Stake), et surveiller attentivement les implications sociales et environnementales des crypto-monnaies.

La flexibilité et l'évolution

Enfin, les régulations des crypto-monnaies doivent être flexibles et évolutives pour s'adapter aux innovations et aux développements technologiques futurs. Les régulateurs devraient adopter une approche pragmatique et rester à l'écoute des changements dans l'industrie pour éviter que les régulations deviennent obsolètes ou contre-productives. Les régulateurs doivent également être prêts à apprendre des expériences d'autres juridictions et à ajuster leurs régulations en conséquence.

En conclusion, le débat sur l'avenir de la régulation des crypto-monnaies est un sujet complexe et multidimensionnel. Les régulateurs doivent tenir compte d'une multitude de facteurs, tels que la protection des consommateurs, la stabilité financière, l'innovation, la compétitivité, la vie privée, la responsabilité sociale et environnementale, ainsi que la nécessité d'une coopération internationale. L'équilibre entre ces facteurs déterminera la forme et l'efficacité des régulations futures et, in fine, l'avenir de l'industrie de la crypto-monnaie.

La plongée dans les abysses : Contre-intuitions et analogies

Les mondes parallèles : Comparaison des crypto-monnaies avec d'autres domaines économiques

Les crypto-monnaies sont souvent comparées à d'autres domaines économiques en raison de leur impact sur l'économie mondiale et de leur potentiel disruptif. Dans cette section, nous allons comparer les crypto-monnaies à d'autres domaines économiques, tels que l'or, les devises traditionnelles, les actions et les marchés financiers.

Crypto-monnaies et or

L'or est souvent considéré comme une réserve de valeur et un actif sûr en période d'incertitude économique. De même, les crypto-monnaies, en particulier le Bitcoin, sont parfois considérées comme un actif refuge numérique. Cependant, les crypto-monnaies sont beaucoup plus volatiles que l'or et présentent des risques différents, tels que les problèmes de sécurité liés aux échanges et aux portefeuilles numériques. De plus, l'or a une longue histoire et une acceptation mondiale, tandis que les crypto-monnaies sont encore relativement nouvelles et leur adoption est limitée.

Crypto-monnaies et devises traditionnelles

Les crypto-monnaies et les devises traditionnelles, telles que le dollar américain ou l'euro, présentent des similitudes et des différences. Les deux sont utilisés comme moyens d'échange pour acheter des biens et des services, mais les crypto-monnaies sont généralement plus volatiles et moins acceptées que les devises traditionnelles. Les devises traditionnelles sont soutenues par des gouvernements et des banques centrales, tandis que les crypto-monnaies sont décentralisées et reposent sur la technologie blockchain. Les crypto-monnaies offrent également des avantages en termes de rapidité et de coût des transactions, en particulier pour les transferts internationaux.

Crypto-monnaies et actions

Les crypto-monnaies et les actions sont toutes deux des investissements financiers, mais présentent des différences importantes. Les actions représentent des parts de propriété dans une entreprise, tandis que les crypto-monnaies sont des actifs numériques qui n'accordent pas de droits de propriété sur une entreprise. Les actions sont généralement moins volatiles que les crypto-monnaies et sont soumises à des régulations plus strictes. Les dividendes, les rachats d'actions et les fusions et acquisitions sont des événements courants dans le monde des actions, alors qu'ils n'ont pas d'équivalent direct dans le monde des crypto-monnaies.

Crypto-monnaies et marchés financiers

Les marchés financiers englobent une vaste gamme d'actifs, tels que les actions, les obligations, les devises et les matières premières. Les crypto-monnaies représentent une nouvelle classe d'actifs qui présente des caractéristiques uniques et des défis pour les investisseurs et les régulateurs. Les marchés financiers traditionnels sont généralement réglementés et surveillés par des autorités financières, tandis que les crypto-monnaies sont encore largement non réglementées et opèrent dans un environnement plus décentralisé.

Crypto-monnaies et immobilier

L'immobilier est un autre domaine économique souvent comparé aux crypto-monnaies en raison de sa nature d'investissement à long terme et de sa réserve de valeur. Les propriétés immobilières sont des actifs tangibles, tandis que les crypto-monnaies sont des actifs numériques intangibles. Les investissements immobiliers offrent généralement un revenu passif sous forme de loyers, tandis que les crypto-monnaies ne génèrent généralement pas de revenus passifs, à l'exception de certaines formes de staking ou de minage.

Cependant, les crypto-monnaies et l'immobilier peuvent se compléter en tant qu'investissements. Par exemple, les jetons de propriété représentent une innovation dans le secteur immobilier, où les investisseurs peuvent acheter des fractions d'une propriété sous la forme de jetons basés sur la blockchain. Cela permet une plus grande liquidité et un accès plus facile au marché immobilier pour les investisseurs de tous niveaux.

Crypto-monnaies et capital-risque

Le capital-risque est un domaine économique axé sur l'investissement dans des entreprises en démarrage ou en phase de croissance. Les investisseurs en capital-risque recherchent des rendements élevés en échange de la prise de risques associés à des investissements dans des entreprises non éprouvées. Les crypto-monnaies ont également attiré l'attention des investisseurs en capital-risque, en particulier lors des levées de fonds initiales de pièces de monnaie (ICO) et des offres initiales d'échange (IEO).

Toutefois, les investissements en crypto-monnaie peuvent présenter des risques plus élevés et des rendements potentiellement plus importants que les investissements traditionnels en capital-risque. Les investisseurs en capital-risque peuvent également s'intéresser aux entreprises du secteur de la blockchain et de la crypto-monnaie, qui offrent des solutions innovantes et disruptives dans divers secteurs.

En somme, les crypto-monnaies sont un domaine économique unique qui présente des similitudes et des différences par rapport à d'autres domaines tels que l'or, les devises traditionnelles, les actions, les marchés financiers, l'immobilier et le capital-risque. En comprenant ces relations, les investisseurs et les entrepreneurs peuvent mieux évaluer les opportunités et les défis associés à l'industrie de la crypto-monnaie et prendre des décisions éclairées pour naviguer dans cet écosystème en pleine croissance.

Les paradoxes de l'océan : Idées contre-intuitives sur l'industrie de la crypto-monnaie

L'industrie de la crypto-monnaie est souvent considérée comme un océan d'opportunités et de mystères. Elle peut parfois être contre-intuitive et présente des paradoxes qui méritent d'être explorés pour mieux comprendre cet écosystème complexe et en constante évolution.

Centralisation vs décentralisation

L'un des principaux objectifs des crypto-monnaies est de créer un système financier décentralisé, où les transactions et les échanges de valeur ne dépendent pas d'autorités centrales telles que les banques ou les gouvernements. Cependant, un paradoxe émerge lorsque certaines crypto-monnaies et plates-formes de blockchain sont développées et gérées par des entités centralisées, telles que les entreprises et les organisations à but lucratif.

De plus, les exchanges de crypto-monnaies, qui jouent un rôle crucial dans la facilitation du commerce et de l'échange de crypto-monnaies, sont souvent des entités centralisées. Ces exchanges peuvent être soumis à des régulations gouvernementales et être vulnérables aux piratages et aux problèmes de sécurité. Cela soulève des questions sur l'équilibre entre la décentralisation et la centralisation dans l'industrie de la crypto-monnaie et sur la manière dont ces forces peuvent coexister pour créer un système financier plus solide et résilient.

Anonymat vs transparence

Les crypto-monnaies sont souvent associées à l'anonymat et à la protection de la vie privée, en particulier avec des monnaies axées sur la confidentialité telles que Monero et Zcash. Cependant, un autre paradoxe se présente lorsque l'on considère la transparence inhérente aux blockchains publiques, où les transactions et les soldes sont visibles pour quiconque a accès au réseau.

La transparence de la blockchain peut en réalité compromettre l'anonymat des utilisateurs si des techniques d'analyse de la blockchain sont utilisées pour associer des adresses de portefeuille à des individus. Cela soulève des questions sur la manière dont l'industrie de la crypto-monnaie peut concilier l'anonymat et la transparence, tout en respectant les réglementations en matière de lutte contre le blanchiment d'argent (AML) et de connaissance du client (KYC).

Stabilité vs volatilité

Les crypto-monnaies sont souvent critiquées pour leur volatilité, ce qui rend difficile leur adoption en tant que moyen de paiement ou de réserve de valeur. Paradoxalement, les stablecoins, qui sont conçus pour maintenir une valeur stable en étant adossés à des actifs tels que des devises fiat ou des matières premières, sont devenus un élément clé de l'écosystème des crypto-monnaies.

Les stablecoins permettent aux utilisateurs de bénéficier des avantages des transactions de crypto-monnaie, tels que la rapidité, la décentralisation et les faibles frais, tout en évitant la volatilité inhérente à d'autres crypto-monnaies. Cependant, la question demeure de savoir si les stablecoins peuvent coexister avec les crypto-monnaies plus volatiles et comment ils peuvent aider à résoudre les problèmes de volatilité qui entravent l'adoption généralisée des crypto-monnaies.

Régulation vs innovation

Les régulateurs du monde entier s'efforcent de créer un cadre réglementaire pour les crypto-monnaies, afin de protéger les investisseurs et de prévenir les activités illégales. Cependant, un paradoxe se présente lorsque l'on considère que la régulation peut à la fois soutenir et étouffer l'innovation dans l'industrie de la crypto-monnaie.

D'une part, des régulations claires et bien définies peuvent encourager les entreprises et les investisseurs à participer à l'écosystème de la crypto-monnaie en leur offrant une plus grande sécurité et une meilleure compréhension des risques et des opportunités. D'autre part, des régulations trop strictes ou mal conçues peuvent entraver l'innovation en rendant difficile pour les entrepreneurs et les startups de naviguer dans le paysage réglementaire et de développer de nouveaux produits et services.

Inclusion financière vs barrières à l'entrée

Les crypto-monnaies ont le potentiel de promouvoir l'inclusion financière en offrant des services financiers aux personnes non bancarisées et sous-bancarisées, en particulier dans les pays en développement. Cependant, il existe un paradoxe dans la mesure où certaines barrières à l'entrée, telles que la complexité technologique et les connaissances nécessaires pour utiliser en toute sécurité les crypto-monnaies, peuvent exclure une partie de la population cible de ces avantages.

Pour réaliser pleinement le potentiel d'inclusion financière des crypto-monnaies, il est essentiel de développer des solutions et des interfaces utilisateur simples et conviviales qui permettent aux personnes ayant des compétences et des ressources limitées d'accéder aux services financiers basés sur la blockchain.

En conclusion, l'industrie de la crypto-monnaie présente de nombreux paradoxes qui reflètent la complexité et la diversité de cet écosystème en rapide évolution. Comprendre et résoudre ces paradoxes peut permettre de surmonter les défis auxquels sont confrontés les acteurs de l'industrie et de réaliser le plein potentiel des crypto-monnaies pour transformer notre système financier mondial.

Les métaphores du rivage : Analogies poétiques pour mieux comprendre les enjeux

Les crypto-monnaies comme les îles émergentes

Les crypto-monnaies peuvent être comparées à des îles émergentes dans un vaste océan économique. Chaque île représente une crypto-monnaie différente, avec ses propres caractéristiques et avantages. Certaines îles sont petites et difficiles à atteindre, tandis que d'autres sont plus grandes et plus stables, offrant un refuge pour les voyageurs et les explorateurs. Comme les îles émergentes, les crypto-monnaies sont en constante évolution, avec de nouvelles monnaies apparaissant et disparaissant dans l'écosystème.

Le défi pour les investisseurs, les entrepreneurs et les régulateurs est de naviguer entre ces îles, en identifiant celles qui offrent les meilleures opportunités et en évitant les écueils et les dangers qui les entourent. Pour réussir dans ce voyage, il est crucial d'apprendre à lire les courants et les vents changeants du marché, ainsi que de s'adapter aux conditions locales de chaque île.

La blockchain comme l'arbre de la connaissance

La blockchain, la technologie sous-jacente des crypto-monnaies, peut être comparée à l'arbre de la connaissance. Comme cet arbre mythique, la blockchain contient un immense potentiel pour le bien et le mal. Elle offre la possibilité de créer des systèmes économiques et sociaux plus équitables, transparents et décentralisés, mais elle peut également être utilisée à des fins néfastes, telles que le financement du terrorisme, le blanchiment d'argent et la fraude.

Pour réaliser le potentiel de la blockchain tout en minimisant les risques, il est essentiel de cultiver une compréhension profonde et nuancée de cette technologie et de ses implications. Comme le fruit de l'arbre de la connaissance, la blockchain doit être utilisée avec sagesse et discernement pour apporter des bénéfices durables à la société.

La régulation des crypto-monnaies comme l'art de la navigation

Réguler les crypto-monnaies peut être comparé à l'art de la navigation, où les gouvernements et les régulateurs doivent trouver un équilibre entre la protection des consommateurs et la promotion de l'innovation. Comme les navigateurs expérimentés, les régulateurs doivent apprendre à lire les cartes et les signaux du marché pour éviter les écueils et les tempêtes qui menacent l'industrie de la crypto-monnaie.

La clé de la réussite dans cette entreprise est la flexibilité et l'adaptabilité. Les régulateurs doivent être prêts à ajuster leur approche et à modifier leur cap en fonction des conditions changeantes du marché et des nouvelles avancées technologiques. En fin de compte, l'objectif est de tracer une route sûre et stable à travers les eaux tumultueuses de l'industrie de la crypto-monnaie, en guidant les acteurs du marché vers un avenir prospère et durable.

Les crypto-monnaies comme les étoiles dans le ciel nocturne

Les crypto-monnaies peuvent être comparées aux étoiles dans le ciel nocturne. Comme les étoiles, elles sont nombreuses et variées, avec des caractéristiques et des qualités uniques. Certaines étoiles sont brillantes et facilement visibles, comme Bitcoin et Ethereum, tandis que d'autres sont plus discrètes et moins connues. Comme les étoiles, les crypto-monnaies sont également en constante évolution, avec de nouvelles monnaies naissantes et d'autres s'éteignant.

Pour les investisseurs et les entrepreneurs, le défi est de cartographier le ciel de la crypto-monnaie et d'identifier les étoiles les plus prometteuses. Cela nécessite une connaissance approfondie de l'industrie, ainsi qu'une capacité à discerner les tendances et les signaux faibles qui peuvent indiquer le potentiel futur d'une monnaie. En fin de compte, le succès dans le monde de la crypto-monnaie dépend de la capacité à naviguer dans ce ciel étoilé, en tirant parti des opportunités tout en évitant les dangers.

La décentralisation comme l'océan et ses courants

La décentralisation, l'un des principes fondamentaux de la blockchain et des crypto-monnaies, peut être comparée à l'océan et ses courants. Comme les courants océaniques, la décentralisation favorise la circulation et la diffusion des ressources, des idées et des informations, tout en résistant aux concentrations de pouvoir et de contrôle. Les courants de l'océan décentralisé peuvent apporter de nouvelles opportunités et des innovations, mais ils peuvent aussi engendrer des défis et des risques.

Pour naviguer avec succès dans cet océan décentralisé, il est crucial de comprendre les forces et les dynamiques qui le façonnent. Cela implique de rester informé des dernières avancées technologiques, des tendances réglementaires et des changements dans le paysage économique. En adoptant une approche éclairée et stratégique, les acteurs du marché peuvent tirer parti de la puissance de la décentralisation pour créer des solutions innovantes et durables qui répondent aux besoins de la société.

En conclusion, les métaphores poétiques et les analogies offrent une perspective unique et inspirante pour mieux comprendre les enjeux et les défis de l'industrie de la crypto-monnaie. En explorant ces images et ces concepts, nous pouvons développer une compréhension plus profonde et plus nuancée des opportunités et des risques qui façonnent le monde des crypto-monnaies, tout en élargissant notre imagination et notre vision de ce que l'avenir pourrait nous réserver.

Les trésors cachés :
Réflexions profondes sur les crypto-monnaies et leur impact sur la société

Les crypto-monnaies comme agents de changement social et économique

L'avènement des crypto-monnaies a ouvert un monde de nouvelles possibilités et d'opportunités en matière de finance, d'économie et de technologie. À bien des égards, les crypto-monnaies ont le potentiel d'agir comme de véritables agents de changement social et économique. Elles peuvent aider à combler les inégalités financières en offrant des services bancaires aux personnes non bancarisées, promouvoir la transparence et la responsabilité grâce à la technologie de la blockchain, et créer de nouvelles formes d'organisation et de collaboration à travers les systèmes décentralisés.

Cependant, cet impact transformateur ne va pas sans défis et controverses. Les crypto-monnaies sont souvent associées à la spéculation, au blanchiment d'argent, et aux activités illégales, ce qui soulève des questions éthiques et morales sur leur utilisation et leur régulation. Pour réaliser pleinement le potentiel des crypto-monnaies en tant qu'agents de changement positif, il est essentiel de reconnaître et de résoudre ces problèmes, tout en travaillant à construire un écosystème inclusif et durable.

La démocratisation de la finance et la décentralisation du pouvoir

L'un des aspects les plus significatifs et les plus radicaux de l'impact des crypto-monnaies sur la société est leur capacité à démocratiser la finance et à décentraliser le pouvoir économique. En offrant des alternatives aux systèmes financiers traditionnels, les crypto-monnaies permettent aux individus et aux communautés d'accéder à des services financiers sans dépendre des banques et des institutions centralisées. De plus, les protocoles décentralisés et les smart contracts permettent aux utilisateurs de créer et d'échanger des actifs numériques de manière autonome, sans intermédiaires.

Cependant, cette décentralisation et cette démocratisation ne sont pas sans risques. Les acteurs malveillants peuvent exploiter les vulnérabilités des systèmes décentralisés, tandis que la concentration de la richesse en crypto-monnaies entre les mains de quelques individus peut entraîner de nouvelles formes d'inégalité économique. Pour garantir que les crypto-monnaies contribuent à une société plus équitable et inclusive, il est crucial de développer des mécanismes de gouvernance et de régulation appropriés, ainsi que de promouvoir l'éducation et la sensibilisation.

L'éthique et la responsabilité sociale des acteurs de la crypto-monnaie

L'essor des crypto-monnaies et de la technologie de la blockchain soulève également des questions importantes sur l'éthique et la responsabilité sociale des acteurs de ce secteur. Les entrepreneurs, les investisseurs, les développeurs et les utilisateurs ont tous un rôle à jouer pour garantir que les crypto-monnaies soient utilisées de manière éthique et responsable, en respectant les lois et en tenant compte des conséquences sociales et environnementales de leurs actions.

Parmi les questions clés qui doivent être abordées figurent la consommation d'énergie et l'empreinte carbone des activités de minage de crypto-monnaie, l'équité et la diversité au sein de la communauté des crypto-monnaies, et les implications sociales et économiques de l'adoption des crypto-monnaies à grande échelle.

L'impact environnemental des crypto-monnaies

L'impact environnemental des crypto-monnaies, en particulier du minage de Bitcoin, est une préoccupation majeure pour de nombreux observateurs. La consommation d'énergie et les émissions de gaz à effet de serre associées au minage de certaines crypto-monnaies sont considérables, ce qui soulève des questions sur la durabilité de cette industrie à long terme.

Pour minimiser l'impact environnemental des crypto-monnaies, il est essentiel de promouvoir des technologies de minage plus écoénergétiques, d'adopter des protocoles de consensus plus respectueux de l'environnement (tels que la preuve d'enjeu), et de soutenir des initiatives visant à compenser les émissions de carbone générées par l'industrie de la crypto-monnaie.

Vers un avenir durable et éthique pour les crypto-monnaies

Les crypto-monnaies ont le potentiel de transformer notre société et notre économie de manière profonde et durable. Cependant, pour réaliser pleinement ce potentiel, il est crucial de reconnaître et de résoudre les défis éthiques, sociaux et environnementaux qui accompagnent cette révolution technologique.

Les acteurs de l'industrie de la crypto-monnaie doivent travailler ensemble pour créer un écosystème qui valorise l'équité, la diversité, la responsabilité sociale et la durabilité. Cela implique de développer des mécanismes de gouvernance et de régulation appropriés, de promouvoir l'éducation et la sensibilisation, et d'encourager l'innovation technologique pour réduire l'impact environnemental des crypto-monnaies.

En fin de compte, les trésors cachés des crypto-monnaies résident dans leur capacité à façonner un avenir meilleur pour tous, où l'accès aux ressources financières et économiques est démocratisé et où les technologies de pointe sont utilisées de manière éthique et responsable pour relever les défis mondiaux les plus pressants.

L'éveil du poète : Interactions émotionnelles avec le lecteur

Les murmures de l'âme : Questions émotionnelles pour aider le lecteur à réfléchir

Les crypto-monnaies et l'identité personnelle

L'industrie des crypto-monnaies est un monde passionnant et en évolution rapide, qui offre des opportunités sans précédent de richesse et de succès. Cependant, il est important de se demander comment notre implication dans ce domaine peut affecter notre identité personnelle et notre perception de nous-mêmes.

- Qu'est-ce qui vous attire dans l'univers des crypto-monnaies ?
- Comment votre engagement dans cette industrie a-t-il influencé la façon dont vous vous voyez et comment les autres vous voient ?
- Quelles sont les valeurs qui sous-tendent votre intérêt pour les crypto-monnaies, et comment celles-ci se reflètent-elles dans votre vie quotidienne ?
- La gestion du risque et l'acceptation de l'échec
- Investir et entreprendre dans le domaine des crypto-monnaies comporte des risques inhérents. La volatilité des marchés et l'incertitude entourant l'évolution des réglementations et des technologies

peuvent entraîner des pertes financières et des échecs professionnels.

- Comment gérez-vous les risques associés à votre implication dans les crypto-monnaies ?
- Êtes-vous prêt à accepter l'échec comme une étape inévitable du processus d'apprentissage et de croissance ?
- Comment parvenez-vous à maintenir un équilibre émotionnel dans un environnement aussi imprévisible et incertain ?
- Les relations et les réseaux sociaux
- Les crypto-monnaies peuvent avoir un impact significatif sur nos relations personnelles et professionnelles. Les opportunités et les défis associés à cette industrie peuvent nous rapprocher de certaines personnes tout en créant des tensions et des divisions avec d'autres.
- Comment votre implication dans les crypto-monnaies a-t-elle affecté vos relations avec vos amis, votre famille et vos collègues ?
- Avez-vous réussi à créer un réseau de soutien solide dans le domaine des crypto-monnaies, et comment entretenez-vous ces relations ?
- Quelle est l'importance de l'éthique et de la confiance dans vos relations professionnelles et personnelles au sein de l'industrie des crypto-monnaies ?

Le sens et la réalisation personnelle

Les crypto-monnaies offrent de nombreuses possibilités de réalisation personnelle et professionnelle, notamment en termes de gains financiers, de reconnaissance et de réussite.

Cependant, il est crucial de réfléchir au sens plus profond de notre engagement dans ce domaine et de nous demander si nous trouvons un véritable épanouissement dans notre parcours.

- Qu'est-ce qui vous motive à investir votre temps, votre énergie et vos ressources dans les crypto-monnaies ?

- Avez-vous atteint un niveau de succès et de réalisation personnelle qui vous satisfait, ou êtes-vous constamment en quête de plus ?

- Comment votre implication dans les crypto-monnaies contribue-t-elle à un sentiment général de bien-être et de satisfaction dans votre vie ?

- L'équilibre entre la vie professionnelle et la vie privée

Travailler dans l'industrie des crypto-monnaies peut être extrêmement exigeant et chronophage, ce qui peut parfois perturber l'équilibre entre la vie professionnelle et la vie privée. Il est important de se demander comment nous parvenons à concilier nos ambitions professionnelles et nos besoins personnels, et si nous trouvons un équilibre sain entre ces deux aspects de notre vie.

- Comment gérez-vous les exigences du travail dans l'industrie des crypto-monnaies et les responsabilités de votre vie personnelle ?

- Avez-vous du mal à déconnecter du travail et à vous accorder du temps pour vous détendre et vous ressourcer ?

- Quelles sont les stratégies que vous mettez en place pour maintenir un équilibre sain entre votre vie professionnelle et votre vie privée ?

La responsabilité sociale et environnementale

Les crypto-monnaies soulèvent des questions importantes en matière de responsabilité sociale et environnementale, notamment en ce qui concerne l'utilisation des ressources énergétiques et l'impact des activités liées à la crypto-monnaie sur les communautés locales et mondiales.

- Comment vous assurez-vous que votre engagement dans les crypto-monnaies est socialement et écologiquement responsable ?
- Quels sont les projets ou les initiatives liés aux crypto-monnaies que vous soutenez pour contribuer à un monde plus juste et durable ?
- Comment vous informez-vous sur les enjeux environnementaux et sociaux associés aux crypto-monnaies et comment faites-vous des choix éclairés dans ce domaine ?

La vision à long terme et l'héritage

Enfin, il est essentiel de réfléchir à l'avenir et à l'héritage que nous souhaitons laisser derrière nous en tant qu'acteurs de l'industrie des crypto-monnaies.

- Quelle est votre vision à long terme pour les crypto-monnaies et comment espérez-vous contribuer à la réalisation de cette vision ?

- Quels sont les changements ou les innovations que vous aimeriez voir dans le monde des crypto-monnaies, et comment pouvez-vous participer activement à leur mise en œuvre ?
- Comment souhaitez-vous être perçu et quel héritage voulez-vous laisser dans l'industrie des crypto-monnaies pour les générations futures ?

En posant ces questions émotionnelles et introspectives, les lecteurs seront mieux à même de comprendre leurs motivations, leurs défis et leurs aspirations dans le domaine des crypto-monnaies. En fin de compte, cette réflexion peut conduire à des choix plus éclairés et à un plus grand épanouissement personnel et professionnel.

Les échos du cœur :
Témoignages personnels et histoires touchantes

Dans cette partie, nous présenterons des témoignages personnels et des histoires touchantes de personnes qui ont été profondément affectées par l'industrie des crypto-monnaies. Ces récits révèlent les luttes, les triomphes et les moments d'inspiration qui ont marqué la vie de ceux qui sont impliqués dans ce domaine en pleine évolution.

Le récit d'une mère célibataire

L'histoire de Marie, une mère célibataire qui a découvert le monde des crypto-monnaies par hasard, est particulièrement inspirante. Après avoir perdu son emploi en raison de la pandémie, Marie a dû trouver rapidement un moyen de subvenir aux besoins de sa famille. C'est alors qu'elle a découvert le potentiel des crypto-monnaies pour générer un revenu passif grâce à la technique du staking. En quelques mois seulement, Marie a pu créer une source de revenu stable qui lui a permis de s'occuper de ses enfants sans sacrifier sa qualité de vie. Grâce aux crypto-monnaies, Marie a pu retrouver son indépendance financière et offrir un avenir plus prometteur à sa famille.

L'ascension d'un jeune entrepreneur

Samir, un jeune entrepreneur d'origine modeste, a toujours rêvé de réussir dans la vie et de sortir sa famille de la précarité. Ayant découvert le potentiel des crypto-monnaies au début de leur essor, Samir a investi toutes ses économies dans le Bitcoin et d'autres actifs numériques. Malgré les hauts et les bas du marché, Samir a persévéré et a finalement réussi à bâtir une fortune grâce à son intuition et sa détermination. Aujourd'hui, il utilise sa richesse pour soutenir des projets caritatifs et donner une chance à d'autres jeunes talents issus de milieux défavorisés.

La rédemption d'un ancien pirate informatique

L'histoire de Max, un ancien pirate informatique qui s'est tourné vers le côté lumineux de la technologie, est un exemple fascinant de rédemption et de croissance personnelle. Après avoir été impliqué dans plusieurs affaires de piratage et de cybercriminalité, Max a été arrêté et condamné à une peine de prison. Pendant son séjour en prison, il a réalisé l'impact négatif de ses actions sur la vie des autres et a décidé de changer de cap. Une fois libéré, Max a utilisé ses compétences en informatique pour aider les entreprises et les particuliers à protéger leurs actifs numériques, en particulier les crypto-monnaies, contre les cyberattaques. Grâce à ses efforts, il a contribué à renforcer la confiance dans l'industrie des crypto-monnaies et à promouvoir une utilisation éthique de la technologie.

L'inspiration d'un militant écologiste

Fervent défenseur de l'environnement, Laura a été témoin des effets dévastateurs du changement climatique sur notre planète. Lorsqu'elle a découvert les crypto-monnaies, elle a rapidement compris leur potentiel pour transformer notre système économique et réduire notre empreinte carbone. Laura a donc décidé de se consacrer à la promotion des crypto-monnaies écologiques, telles que les monnaies basées sur le protocole de preuve d'enjeu (Proof of Stake) ou les projets axés sur les énergies renouvelables.

Au fil des ans, Laura a réussi à sensibiliser des milliers de personnes aux enjeux environnementaux liés aux crypto-monnaies, en organisant des événements, en écrivant des articles et en participant à des conférences internationales. Grâce à son dévouement, de plus en plus d'investisseurs et d'entrepreneurs sont désormais conscients de l'importance de l'éco-responsabilité dans l'industrie des crypto-monnaies et s'efforcent de rendre leurs projets plus durables.

Le courage d'un réfugié

Ali, un réfugié originaire d'un pays en guerre, a été contraint de fuir sa patrie pour protéger sa vie et celle de sa famille. En quittant son pays, il a tout perdu, y compris ses économies et ses biens. Cependant, Ali a réussi à sauvegarder une partie de sa fortune en investissant dans des crypto-monnaies avant de partir. Grâce à la nature décentralisée et sécurisée des actifs numériques, Ali a pu accéder à ses fonds même après avoir traversé plusieurs frontières et avoir vécu dans des conditions extrêmement difficiles.

Une fois installé dans un pays sûr, Ali a utilisé ses économies en crypto-monnaies pour reconstruire sa vie et soutenir sa famille. Aujourd'hui, il est un ardent défenseur des crypto-monnaies, en particulier pour les personnes déplacées et les réfugiés, car elles offrent une alternative viable aux systèmes financiers traditionnels souvent inaccessibles à ces populations vulnérables.

Ces histoires touchantes montrent que les crypto-monnaies ne sont pas seulement des outils financiers, mais aussi des instruments de changement social et personnel. Elles illustrent comment les crypto-monnaies ont le potentiel d'affecter la vie des individus de manière profonde et durable, en leur offrant des opportunités, de l'espoir et, dans certains cas, une seconde chance. Ces récits rappellent également aux lecteurs que, derrière les chiffres et les graphiques, il y a des êtres humains qui vivent, rêvent et luttent pour un avenir meilleur.

La danse des mots : L'écriture poétique pour transmettre des concepts complexes

La danse des mots : L'écriture poétique pour transmettre des concepts complexes

L'industrie de la crypto-monnaie est souvent perçue comme une sphère technologique et financière complexe, où les termes techniques et les concepts économiques peuvent intimider et décourager ceux qui ne sont pas familiarisés avec ce domaine. Pourtant, l'écriture poétique peut servir de pont entre ces mondes apparemment incompatibles, en traduisant les idées abstraites et les notions complexes en images concrètes et en métaphores évocatrices. En explorant l'art de la poésie, nous pouvons créer un langage commun pour comprendre et apprécier les crypto-monnaies et leur impact sur la société.

La décentralisation comme un océan

La décentralisation est l'un des principes fondamentaux qui sous-tendent les crypto-monnaies et les technologies de la blockchain. Plutôt que de dépendre d'une autorité centrale, les transactions sont vérifiées et sécurisées par un réseau d'ordinateurs indépendants, travaillant ensemble pour maintenir l'intégrité du système. Cette idée peut être illustrée par l'image d'un océan, où chaque goutte d'eau est un élément distinct, mais contribue à l'ensemble immense et puissant.

Au milieu de cette mer sans fin,

Où chaque goutte fait partie du tout,

Aucune tour d'ivoire, aucun bastion,

Seulement les vagues de la décentralisation.

Les crypto-monnaies comme des oiseaux migrateurs

Les crypto-monnaies, en tant qu'actifs numériques, sont fluides et mobiles, traversant les frontières géographiques et politiques avec une facilité déconcertante. Cette caractéristique est souvent comparée à celle des oiseaux migrateurs, qui voyagent sur de longues distances, franchissant les barrières naturelles et les obstacles créés par l'homme, pour atteindre leur destination.

Ailes déployées, défiant les vents,

Leurs trésors dans les plumes, légères et fortes,

Les crypto-monnaies, tels les oiseaux migrateurs,

S'envolent vers des cieux plus cléments.

La preuve de travail comme une course sans fin

La preuve de travail (Proof of Work) est le mécanisme de consensus utilisé par de nombreuses crypto-monnaies, notamment le Bitcoin. Les mineurs de crypto-monnaies consacrent des ressources informatiques considérables pour résoudre des problèmes mathématiques complexes, sécurisant ainsi le réseau et ajoutant de nouvelles transactions à la blockchain. Cette compétition incessante peut être comparée à une course sans fin, où les participants se démènent pour atteindre la ligne d'arrivée, mais la course ne se termine jamais.

Sur cette piste virtuelle, ils s'élancent,

Cherchant la récompense, la validation,

Toujours en mouvement, jamais rassasiés,

Dans la course sans fin de la preuve de travail.

Les smart contracts comme des horloges complexes

Les smart contracts sont des programmes informatiques autonomes qui exécutent automatiquement les conditions d'un accord lorsque les critères prédéfinis sont remplis. Ces mécanismes ingénieux peuvent être comparés à des horloges complexes, où chaque engrenage et mécanisme s'imbrique parfaitement pour assurer le bon fonctionnement de l'ensemble.

Telles les horloges aux rouages précis,

Les contrats intelligents s'exécutent en silence,

Chaque condition, chaque action liée,

Dans un ballet complexe et déterminé.

L'anonymat comme un voile de brume

L'un des aspects les plus controversés de certaines crypto-monnaies est la possibilité qu'elles offrent de préserver l'anonymat des transactions et des utilisateurs. Cette notion peut être représentée par un voile de brume, qui dissimule et protège ceux qui l'utilisent, tout en soulevant des questions éthiques et des dilemmes moraux.

Dans la brume mystérieuse et impénétrable,

Les ombres se cachent, protégées et insaisissables,

L'anonymat, à la fois refuge et énigme,

Souffle le vent des questions sans réponse.

L'adoption des crypto-monnaies comme une symphonie inachevée

Enfin, l'adoption des crypto-monnaies et leur intégration dans l'économie mondiale peuvent être vues comme une symphonie inachevée, avec des mouvements et des thèmes qui se développent et se transforment au fil du temps. Les acteurs de l'industrie, les gouvernements et les utilisateurs sont autant de musiciens qui contribuent à cette œuvre en constante évolution, dont la finalité reste incertaine.

Sur la scène mondiale, une symphonie se joue,

Les notes s'élèvent, s'entremêlent et résonnent,

Chaque acteur ajoute sa mélodie,

Dans l'adoption grandissante, une œuvre inachevée.

En utilisant la poésie pour explorer et exprimer les concepts complexes liés aux crypto-monnaies, nous pouvons toucher le cœur et l'esprit du lecteur, suscitant une réflexion profonde et une compréhension intuitive de cet univers fascinant et en constante évolution. Ces métaphores poétiques servent de points de repère pour naviguer dans les eaux tumultueuses de l'industrie de la crypto-monnaie et pour appréhender les enjeux et les défis qui se présentent à nous.

Les vagues de l'esprit : Inspirer et motiver les lecteurs à agir

Réveiller l'explorateur en soi

L'univers des crypto-monnaies est vaste, complexe et en constante évolution. Pour naviguer dans ces eaux inexplorées, il est essentiel d'éveiller l'explorateur qui sommeille en chacun de nous. En cultivant notre curiosité et notre soif de connaissances, nous pourrons mieux comprendre et appréhender les opportunités et les défis qui se présentent à nous.

N'ayez pas peur de poser des questions, de remettre en question les idées reçues et de rechercher activement de nouvelles informations et perspectives. C'est en adoptant cette attitude que vous pourrez tirer le meilleur parti de l'industrie de la crypto-monnaie et être en mesure de prendre des décisions éclairées pour votre avenir financier et professionnel.

S'adapter et évoluer face au changement

Le monde des crypto-monnaies est en perpétuelle mutation. Les technologies évoluent rapidement, de nouvelles monnaies et plateformes voient le jour, et les régulations changent constamment. Pour réussir dans cet environnement dynamique, il est crucial d'apprendre à s'adapter et à évoluer face au changement.

Ne vous contentez pas de vous reposer sur vos lauriers ou de vous accrocher à des idées et des pratiques obsolètes. Au contraire, soyez prêt à vous remettre en question, à apprendre de vos erreurs et à embrasser les nouvelles opportunités qui se présentent à vous. C'est en cultivant cette flexibilité et cette résilience que vous pourrez prospérer dans le monde en constante évolution des crypto-monnaies.

Cultiver un réseau solide et diversifié

Dans l'industrie de la crypto-monnaie, comme dans la plupart des domaines, il est essentiel de disposer d'un réseau solide et diversifié de contacts et de collaborateurs. En tissant des liens avec des personnes partageant les mêmes idées et en établissant des relations avec des experts et des professionnels de divers horizons, vous pourrez non seulement élargir votre base de connaissances, mais aussi accéder à de nouvelles opportunités et ressources.

Participez activement à des événements, des conférences et des forums en ligne dédiés aux crypto-monnaies, et n'hésitez pas à échanger avec d'autres passionnés et professionnels. C'est en cultivant ces relations et en apprenant les uns des autres que vous pourrez renforcer votre position dans l'industrie et contribuer à façonner son avenir.

Se fixer des objectifs clairs et réalistes

Pour rester motivé et concentré dans vos efforts pour comprendre et maîtriser l'univers des crypto-monnaies, il est important de vous fixer des objectifs clairs et réalistes. Qu'il s'agisse d'investir dans des actifs numériques, de créer votre propre entreprise liée à la blockchain, ou de vous éduquer sur les dernières tendances et technologies, assurez-vous de définir des objectifs spécifiques, mesurables, atteignables, pertinents et temporellement définis (SMART).

En déterminant clairement vos objectifs et en établissant un plan d'action pour les atteindre, vous serez en mesure de suivre vos progrès, de rester motivé et de vous adapter en cas de changements ou de défis imprévus.

Ne pas craindre l'échec

Dans le monde des crypto-monnaies, comme dans la vie en général, l'échec est inévitable. Que vous soyez un investisseur, un entrepreneur ou un simple curieux, il est important d'apprendre à accepter l'échec comme une étape essentielle du processus d'apprentissage et de croissance.

Au lieu de vous laisser décourager par les revers et les obstacles, voyez-les comme des occasions de tirer des leçons précieuses et de vous améliorer. En adoptant une attitude résiliente et en persévérant malgré les difficultés, vous pourrez transformer les échecs en succès et réaliser votre potentiel dans l'industrie de la crypto-monnaie.

Contribuer à l'écosystème

Enfin, pour vraiment tirer parti des opportunités offertes par les crypto-monnaies et leur impact sur la société, il est essentiel de s'impliquer activement dans l'écosystème. Ne vous contentez pas d'être un simple spectateur ou un consommateur passif.

Partagez vos connaissances et vos compétences avec d'autres, participez à des projets open source, soutenez des initiatives éducatives et de sensibilisation, et collaborez avec d'autres acteurs de l'industrie pour créer un avenir meilleur et plus inclusif pour les crypto-monnaies.

En contribuant à l'écosystème de la crypto-monnaie et en travaillant ensemble pour relever les défis et les opportunités qui se présentent, nous pouvons façonner un avenir dans lequel les actifs numériques et les technologies de la blockchain jouent un rôle clé dans la transformation de notre économie et de notre société pour le mieux.

En résumé, pour inspirer et motiver les lecteurs à agir dans le domaine des crypto-monnaies, il est important de cultiver la curiosité, l'adaptabilité, un réseau solide, la résilience face à l'échec et un engagement actif dans l'écosystème. En adoptant ces attitudes et en travaillant ensemble, nous pouvons exploiter le potentiel des crypto-monnaies pour transformer notre monde en un endroit plus juste, plus inclusif et plus prospère.

Conclusion :
Vers un nouvel horizon
S'établir dans un pays
favorable aux crypto-monnaies

Alors que nous approchons de la fin de ce voyage à travers l'univers des crypto-monnaies, il est temps de faire le point et de réfléchir aux enseignements que nous avons tirés en cours de route. Dans ce monde en constante évolution, la décision de s'établir dans un pays favorable aux crypto-monnaies peut être l'une des étapes les plus importantes de votre parcours personnel et professionnel.

Tout au long de ce livre, nous avons exploré les différentes facettes de l'industrie de la crypto-monnaie, des origines et des fondements technologiques aux tendances émergentes et aux défis auxquels elle est confrontée. Nous avons également discuté de l'impact des régulations et des politiques sur l'écosystème, ainsi que des meilleures pratiques pour protéger et gérer vos actifs numériques.

En fin de compte, ce que nous avons appris, c'est que la crypto-monnaie n'est pas seulement une innovation technologique ou financière, mais aussi un mouvement social et culturel qui a le potentiel de transformer notre société de manière profonde et durable.

En prenant la décision de vous installer dans un pays favorable aux crypto-monnaies, vous avez la possibilité de participer activement à cette révolution et de contribuer à l'émergence d'un monde plus juste, plus inclusif et plus prospère.

Cependant, il est important de se rappeler que s'établir dans un nouveau pays ne se résume pas à profiter d'un environnement réglementaire favorable ou à maximiser les opportunités d'investissement. Cela implique également de s'adapter à une nouvelle culture, d'établir des relations avec une communauté locale et de travailler ensemble pour relever les défis auxquels l'industrie est confrontée.

Voici quelques réflexions pour vous aider à tirer le meilleur parti de votre installation dans un pays favorable aux crypto-monnaies :

Cultivez la curiosité et l'apprentissage continu

Le monde des crypto-monnaies évolue rapidement, et il est crucial de rester informé des dernières tendances, des avancées technologiques et des changements réglementaires. Adoptez une attitude de curiosité et d'apprentissage continu, et n'hésitez pas à vous entourer de personnes qui partagent cette passion pour l'innovation et la découverte.

Tissez des liens avec la communauté locale

Ne sous-estimez pas l'importance de créer des liens avec la communauté locale, que ce soit avec d'autres acteurs de l'industrie de la crypto-monnaie, des entrepreneurs, des investisseurs ou des passionnés. Le réseautage et la collaboration sont essentiels pour réussir dans ce secteur en pleine expansion, et ces relations peuvent également vous apporter un soutien précieux dans votre processus d'adaptation à votre nouvel environnement.

Partagez vos connaissances et votre expertise

En vous établissant dans un pays favorable aux crypto-monnaies, vous avez l'occasion unique de contribuer à l'éducation et à la sensibilisation autour de cette technologie révolutionnaire. Partagez vos connaissances et votre expertise avec les autres, organisez des événements et des ateliers, et contribuez activement au développement et à la croissance de l'écosystème local. En faisant cela, non seulement vous aiderez à démocratiser l'accès aux crypto-monnaies, mais vous renforcerez également votre propre expertise et votre réseau professionnel.

Adoptez une vision à long terme

Le succès dans l'industrie de la crypto-monnaie ne se mesure pas uniquement en termes de gains financiers rapides. Adoptez une vision à long terme et concentrez-vous sur la création de valeur durable, tant pour vous-même que pour la communauté dans son ensemble. Cela implique de prendre des décisions éclairées et réfléchies, de diversifier vos investissements et de mettre en place des stratégies de gestion des risques.

Soyez ouvert au changement et à l'adaptation

Enfin, il est important de rester ouvert au changement et à l'adaptation, car le paysage des crypto-monnaies est en constante évolution. Ne soyez pas trop attaché à une seule idée ou approche, mais soyez prêt à explorer de nouvelles opportunités et à relever de nouveaux défis à mesure qu'ils se présentent.

S'installer dans un pays favorable aux crypto-monnaies peut être une aventure passionnante et enrichissante, à la fois sur le plan personnel et professionnel. En suivant ces réflexions et en vous engageant activement dans la communauté, vous pouvez non seulement maximiser votre potentiel de réussite, mais aussi contribuer à façonner l'avenir de cette industrie passionnante.

Alors que nous refermons ce livre, souvenez-vous que votre voyage dans l'univers des crypto-monnaies ne fait que commencer. Les défis et les opportunités qui vous attendent sont aussi vastes et variés que l'océan lui-même, et il vous appartient de naviguer ces eaux inexplorées avec courage, détermination et sagesse.

Puissiez-vous trouver l'inspiration et la réussite dans votre quête, et contribuer à bâtir un avenir meilleur pour tous, au sein de cette nouvelle frontière numérique.

Les Phrases clés

La crypto-monnaie est bien plus qu'une simple monnaie numérique ; elle représente l'avenir de la finance et un bouleversement majeur des paradigmes économiques traditionnels.

Les pays favorables à la crypto-monnaie offrent un environnement propice au développement et à la croissance de cette industrie en pleine expansion.

Les travailleurs de l'industrie de la crypto-monnaie peuvent bénéficier d'avantages spécifiques en s'installant dans ces pays, tels que des incitations fiscales et un accès facilité aux réseaux professionnels.

L'immigration peut présenter des défis, mais avec une planification adéquate et une compréhension des lois locales, ces obstacles peuvent être surmontés.

Les témoignages d'immigrants du monde de la crypto-monnaie mettent en lumière les opportunités et les défis uniques rencontrés par ceux qui ont emprunté ce chemin.

Les nouvelles crypto-monnaies et technologies émergentes représentent des opportunités d'investissement et d'innovation potentiellement lucratives.

L'évolution des régulations et des politiques façonne l'avenir de l'industrie de la crypto-monnaie, soulignant l'importance de la veille réglementaire et de l'adaptabilité.

Identifier les pays susceptibles d'adopter des réglementations favorables à l'avenir peut aider les investisseurs et les entrepreneurs à prendre des décisions éclairées.

La sécurité numérique est cruciale pour protéger les actifs numériques, nécessitant une attention constante aux menaces potentielles et aux meilleures pratiques.

Les histoires de piratage et de sécurité réussies offrent des leçons précieuses pour renforcer la protection des actifs numériques.

Les entrepreneurs et investisseurs influents dans le domaine de la crypto-monnaie sont des modèles pour ceux qui cherchent à réussir dans cette industrie.

Les expériences personnelles de réussite et d'échec peuvent servir d'enseignements précieux pour les entrepreneurs et investisseurs en herbe.

Les meilleures localisations pour les entreprises liées à la crypto-monnaie offrent un mélange d'incitations économiques, de réglementations favorables et d'un écosystème dynamique.

Les politiques gouvernementales et les perspectives économiques mondiales ont un impact considérable sur l'industrie de la crypto-monnaie.

Les prédictions des tendances politiques et économiques aident à éclairer les décisions des acteurs de l'industrie de la crypto-monnaie.

La comparaison des crypto-monnaies avec d'autres domaines économiques peut révéler des similitudes et des différences instructives.

Les idées contre-intuitives et les analogies poétiques peuvent offrir une compréhension plus profonde des enjeux liés aux crypto-monnaies.

Les réflexions sur les crypto-monnaies et leur impact sur la société encouragent un examen critique des implications à long terme.

Les témoignages personnels et les histoires touchantes peuvent aider les lecteurs à se connecter émotionnellement aux enjeux liés aux crypto-monnaies.

Inspirer et motiver les lecteurs à agir est essentiel pour promouvoir un changement positif dans l'industrie de la crypto-monnaie et encourager l'adoption généralisée de ces technologies innovantes.

Dictionnaire technique

Dictionnaire de la crypto-monnaie :

Blockchain : Une base de données décentralisée et immuable qui enregistre les transactions de manière sécurisée et transparente.

Bitcoin (BTC) : La première et la plus populaire des crypto-monnaies, lancée en 2009 par Satoshi Nakamoto.

Ether (ETH) : La crypto-monnaie native de la plateforme Ethereum, utilisée pour alimenter les contrats intelligents et les applications décentralisées.

Contrat intelligent : Un programme autonome qui s'exécute sur une blockchain et permet d'automatiser des processus sans intermédiaires.

Token : Une unité de valeur numérique émise par un projet ou une entreprise sur une blockchain.

ICO (Initial Coin Offering) : Un moyen de lever des fonds pour un nouveau projet en émettant des tokens en échange de crypto-monnaies ou de monnaies fiduciaires.

DApp (Application décentralisée) : Une application qui fonctionne sur une blockchain et utilise des contrats intelligents pour automatiser les processus.

Dictionnaire des termes concernant la législation :

AML (Anti-Money Laundering) : Mesures législatives visant à prévenir et détecter le blanchiment d'argent.

KYC (Know Your Customer) : Processus d'identification des clients par les entreprises pour se conformer aux régulations financières.

CFT (Counter Financing of Terrorism) : Mesures législatives pour lutter contre le financement du terrorisme.

Régulation : Les lois et règles établies par les gouvernements pour régir l'industrie de la crypto-monnaie.

Dictionnaire concernant tout ce qui est voyage, visa, etc. :

Visa : Document officiel délivré par un pays qui permet à une personne d'entrer, de séjourner et de travailler sur son territoire pendant une période déterminée.

Programme de résidence par investissement : Un programme gouvernemental qui offre la résidence ou la citoyenneté en échange d'un investissement dans l'économie du pays.

Visa d'entrepreneur : Un type de visa spécifiquement destiné aux entrepreneurs qui souhaitent créer ou développer leur entreprise dans un pays étranger.

Visa de travail : Un type de visa qui permet à une personne de travailler légalement dans un pays étranger pour une durée déterminée.

Permis de travail : Document officiel délivré par un pays qui autorise une personne à travailler sur son territoire.

Dictionnaire des termes liés à la fiscalité :

Paradis fiscal : Un pays ou territoire offrant des avantages fiscaux substantiels, tels que des taux d'imposition faibles ou inexistants, pour attirer les investisseurs et les entreprises.

Imposition des gains en capital : Taxation des bénéfices réalisés lors de la vente d'un actif, comme une crypto-monnaie.

Imposition des revenus : Taxation des revenus provenant du travail, des investissements ou des entreprises.

Double imposition : Situation dans laquelle un contribuable est soumis à des impôts dans deux pays différents pour le même revenu ou gain en capital.

Ne manquez pas l'occasion d'enrichir votre bibliothèque et d'approfondir vos connaissances avec **la collection** de **Polychromatic reflections Publishing :**

Le murmure de l'âme : L'ASMR et la quête de la sérénité
Luna Whisper

Découvrez les avantages de l'ASMR pour la santé mentale, la relaxation et la productivité au travail. Apprenez-en plus sur les différentes techniques et les artistes qui ont façonné cet univers relaxant. Ce livre offre des informations précieuses pour les professionnels et les amateurs de bien-être cherchant à améliorer leur quotidien.

https://amzn.eu/d/5jhxi9m

L'équilibre entre vie professionnelle et vie personnelle
Luna Whisper

Ce livre vous propose des stratégies pour créer un équilibre harmonieux entre vos responsabilités professionnelles et vos besoins personnels, pour une vie plus épanouissante et atteindre un bien-être durable. Il vous offre des conseils pratiques et des stratégies pour gérer votre temps, établir des priorités et développer des compétences.

Idéal pour les professionnels et les personnes en quête d'une vie plus épanouissante.

https://amzn.eu/d/73Yc3Cz